PLANTAS EN MACETAS

JARDINERÍA EN CASA

PLANTAS EN MACETAS

ANDI CLEVELY

FOTOGRAFÍAS DE
STEVEN WOOSTER

BLUME

BLUME

Título original:
Plants in Pots

Traducción:
David Cáceres González

Revisión científica y técnica de la
edición en lengua española:
Teresa Casasayas Fornell
Doctora en Ciencias Biológicas
Especialista en Botánica
Profesora de la Escuela de Jardinería
Rubió i Tudurí, Barcelona
Profesora del Máster en Arquitectura
del Paisaje, Escuela de Arquitectura,
Universidad Politécnica de Cataluña

Coordinación de la edición en
lengua española:
Cristina Rodríguez Fischer

*Primera edición en
lengua española 2008*

© 2008 Naturart, S.A.
Editado por Blume
Av. Mare de Déu de Lorda, 20
08034 Barcelona
Tel. 93 205 40 00 Fax 93 205 14 41
E-mail: info@blume.net
© 2008 Frances Lincoln, Ltd, Londres
© 2008 del texto Andi Clevely
© 2008 de las fotografías Mark Bolton

I.S.B.N.: 978-84-8076-760-6

Impreso en Singapur

CONSULTE EL CATÁLOGO
DE PUBLICACIONES ON LINE
WWW.BLUME.NET

Los recipientes pueden albergar todo
tipo de composiciones florales, desde
completos jardines en miniatura
(página 1) o floridos remates para
balaustradas (página 2) hasta vistosos
arriates elevados (derecha).

CONTENIDO

INTRODUCCIÓN

Orígenes

Cultivar plantas en macetas constituye una de las formas más gratificantes de practicar la jardinería. Lejos de ser el hermano pobre de los parterres o los arriates o una forma de compensar la falta de jardín para quienes viven en las ciudades, el cultivo en macetas es una habilidad práctica que mima y se adapta a las plantas de forma individualizada y consigue destacarlas del resto al acentuar sus cualidades únicas. Como complemento a la jardinería tradicional, el cultivo en recipientes ofrece un sinfín de oportunidades para sacar partido a las plantas elegidas por sus atractivos rasgos, mientras que para quienes disponen de patios, terrazas o balcones es una solución excelente y versátil de compensar la falta de tierra.

A pesar de su dilatada historia, (*véase* pág. 10), la jardinería en macetas todavía hoy a veces se considera con cinismo una moda por parte de un sector económico, el de los centros de jardinería, deseoso de extender el cultivo de plantas ornamentales en cestas colgantes o recipientes de plástico. Sin embargo, las únicas diferencias destacables en las últimas décadas se han

Las macetas de terracota son recipientes tradicionales válidos para todo tipo de plantas. Son prácticas, discretas y se integran a la perfección entre elementos del entorno, como los ladrillos o la grava.

Los árboles tienen mucha personalidad, y cuando se cultivan en macetas de terracota pueden alcanzar el estrellato. Los cítricos (derecha) adquieren un porte aristocrático cuando se cultivan en macetas. Las cuñas situadas debajo de la base de los recipientes contribuyen al drenaje.

centrado especialmente en la mayor disponibilidad y utilización de las macetas, ya que los amantes de la jardinería siempre han cultivado plantas en ellas.

Los antiguos relatos griegos y romanos hacen referencia al cultivo de plantas medicinales en cestas de juncos y en «barriles rellenados con tierra», mientras que la descripción clásica de los legendarios jardines colgantes de Babilonia habla de terrazas alzadas unas sobre otras con un elaborado sistema de irrigación que transportaba el agua a los jardines, quizá una versión primitiva del riego por goteo utilizado actualmente para regar de forma automática.

Los emperadores y aristócratas jalonaban sus esmerados jardines con urnas de piedra, recipientes de plomo o jardineras construidas con madera para destacar y crear hábitats específicos para plantas excepcionales. Los oficiales aprendían en su formación avanzada el arte secreto de mezclar diferentes tierras para esas plantas exóticas con tanto carácter y añadían pequeñas cantidades de estiércol de ciervo, polvo de ladrillo o guano peruano, dependiendo de la especie. Era lo único que resultaba válido, según se creía.

Cada vez más populares

A pesar de los efectos perniciosos de la estandarización y la producción en masa en otros tantos ámbitos, en este caso sirvieron para poner el cultivo en macetas al alcance de todos. En la década de 1930, los edafólogos se dieron

El cultivo en macetas a lo largo de la historia

Los antiguos jeroglíficos narran expediciones organizadas por una reina de Egipto a los países vecinos para recolectar árboles, y los muestran luego en hondas cestas colgantes suspendidas de grandes perchas, a hombros de los esclavos. En los palacios y casas solariegas de la Europa del siglo XVI, los cítricos se cultivaban en grandes cajas de madera que se entraban a un invernadero especial para cítricos cada invierno para mantenerlos a salvo de las heladas. Durante siglos, los japoneses han resuelto los problemas de falta de tierra cultivando todo tipo de plantas, incluso pasto y setos, en recipientes de distintas características. En la actualidad, en Cuba se cultivan verduras y hortalizas orgánicas en antiguos neumáticos rellenados con tierra de preparación casera que se colocan en fila sobre las cubiertas planas de las casas. Por otro lado, el cultivo en recipientes se ha sugerido como una estrategia práctica de cara al futuro en regiones donde el clima hace difícil o imposible la gestión tradicional del suelo.

cuenta de que la mayoría de las plantas podían prosperar sin problemas en el mismo tipo básico de tierra, siempre y cuando satisficiera determinados requisitos esenciales para su desarrollo.

El resultado fueron los sustratos estándar a base de tierra, concebidos por el instituto hortícola de John Innes. Les siguió una alternativa multiuso que no utilizaba tierra. Ambos sustratos consiguieron sustituir las antiguas mezclas «arcanas», simplificaron el cultivo en recipientes y

La vistosidad escultórica de algunas plantas, como esta topiaria en forma de nubes (izquierda) o las hojas profundamente segmentadas de muchas palmeras (derecha) se equilibra con macetas de gran capacidad y superficie vidriada que actúan a modo de contrapunto.

proporcionaron a los jardineros sustratos para plantas, fáciles de obtener y a bajo precio (o fórmulas sencillas de mezclado que podían poner en práctica ellos mismos), además de la confianza suficiente para experimentar.

Poco después, el plástico empezó a reemplazar las macetas de terracota, al principio sólo para plantas con flor comunes, habitualmente cultivadas en invernaderos, pero posteriormente para crear un gran número de réplicas a veces muy exactas de recipientes tradicionales de terracota, piedra, plomo o madera.

Al disponer de un suministro constante de sustratos fiables y económicos, los amantes de la jardinería empezaron a explorar la variedad existente de plantas con un interés creciente que, a su vez, estimuló el comercio de semillas y plántulas de vivero de un buen número de plantas adecuadas, o incluso diseñadas, para el cultivo en recipientes.

Con una población cada vez más urbana (más de tres cuartas partes de los habitantes de algunos países europeos viven en las ciudades, por ejemplo), en ciudades donde los jardines son muy pequeños o inexistentes, los aficionados a la jardinería se enfrentan a importantes retos, aunque también tienen muchas oportunidades a su alcance para embellecer los jardines ya existentes con plantas en macetas o crear uno, aunque dispongan de poca o ninguna tierra. Hoy en día existen materiales para hacer realidad los diseños y los sueños más ambiciosos.

Una de las numerosas ventajas que tiene cultivar plantas en recipientes es que se pueden reorganizar fácilmente para exhibirlas, como en la fotografía (izquierda), donde una mesa supletoria permite elevar temporalmente las plantas en flor en un rincón del patio.

Las plantas como seres únicos

En muchos aspectos, las plantas adquieren mayor importancia cuando se cultivan en macetas, quizá porque necesitan (y a menudo reciben) mayor atención. El viejo dicho «la pisada del amo, el mejor abono» alude a la conveniencia de recorrer e inspeccionar periódicamente el jardín para observar el estado de las plantas, lo que es especialmente cierto en el caso de las plantas cultivadas en recipientes. No en vano dependen por completo de nosotros para su bienestar: el volumen de sustrato disponible para las raíces resulta limitado, de modo que para que el cultivo tenga éxito es crucial regar y abonar de forma regular, mucho más que si se tratara de un jardín en tierra. Los cuidados sistemáticos permiten detectar y corregir inmediatamente los primeros síntomas de mal estado o enfermedad. También es más fácil mantener una planta en buenas condiciones en una maceta individual que en un poblado parterre.

Lo dicho anteriormente es especialmente cierto en el caso de las plantas con necesidades especiales. Las macetas permiten, por ejemplo, mimar hasta el extremo prímulas dignas de exposición o monstruosas chirivías susceptibles de presentarse a un concurso gracias a que las condiciones necesarias se controlan individualmente y se ajustan a la perfección a las necesidades específicas de cada planta. Sean cuales sean las condiciones dominantes en un entorno más general, en una maceta se puede crear

el hábitat idóneo para *Magnolia stellata*, enemiga de los suelos calizos; cultivar matas de tomillo o romero, muy amantes del sol, en sustrato arenoso; una colonia de plantas carnívoras de los pantanos en un cuenco casi anegado en agua, o unos delicados ejemplares de *Soldanella alpina*, que crece en pedregales a gran altura. Y hasta se podrían tener todas estas plantas en un mismo jardín.

Puesto que la mayoría de recipientes pueden transportarse, también pueden ir desplazándose para garantizar que cada planta reciba la exposición o la cantidad de sol que más le convenga, en especial si la climatología cambia o si la planta muestra signos de agotamiento, una opción poco práctica en el caso de plantas cultivadas en un jardín al exterior. Además, cuando las plantas empiezan a florecer pueden trasladarse a una ubicación más central que permita apreciar mejor su belleza.

Cuidado de las macetas

La cantidad de tiempo y espacio que podrá dedicar a las plantas que crecen en macetas será inevitablemente limitada, de modo que no hay lugar para pasajeros mediocres o anodinos: deberá elegir una a una plantas con pedigrí cuyo crecimiento y personalidad sean acreedores del lugar y de los cuidados que ostentan.

Aunque cultivar plantas en recipientes es un sistema de jardinería asequible y con un mantenimiento relativamente escaso, los cuidados exigen cierto grado de dedicación. Todas las plantas son, por naturaleza, autosuficientes y capaces de crecer de forma silvestre, pero extraerlas de su entorno natural y constreñirlas al volumen limitado de una maceta afecta a su capacidad de cuidarse por sí mismas.

Y nos obliga a asumir la responsabilidad de regarlas y abonarlas, proporcionar un espacio adecuado para las raíces que no limite su crecimiento y garantizar protección ante posibles amenazas.

Estas responsabilidades no son en absoluto apremiantes (a menos que pretenda cultivar una planta inadecuada en un lugar nada idóneo) y pueden ser más fáciles de llevar a la práctica que en la jardinería convencional, sobre todo en el caso de personas con dificultades para trabajar al nivel del suelo.

El riego es la más constante de esas responsabilidades, pero normalmente se realiza en un momento del día en que resulta agradable encontrarse en el exterior; además, las macetas resisten mejor posibles carencias de agua, ya que permanecen húmedas con mayor facilidad que en un jardín en tierra. Regar es la oportunidad perfecta para observar el estado de salud de las plantas, retirar flores marchitas o redistribuir su ubicación. Las otras tareas son, en gran parte, poco frecuentes, por ejemplo el trasplante, que, en caso necesario, se realiza una vez al año.

La recompensa

A cambio, disfrutará de plantas en lugares en los que normalmente ninguna crecería, ya que las macetas son la solución más sencilla para disfrutar de la jardinería en un entorno completamente pavimentado, en balcones, terrazas, patios o alféizares de ventanas, junto a una pared o incluso en el tejado. Podrá hacer las composiciones que más le gusten y tantas veces como quiera, aunque sólo sea para una velada al fresco. Además, algunas plantas que no tolerarían bien el tipo de suelo o que sufren al estar expuestas al sol o al viento pasan a ser una opción realista si reciben los cuidados necesarios en un recipiente.

Los cítricos, como este naranjo chino (x *Citrofortunella microcarpa*), son árboles que no toleran las heladas, por ello resultan ideales para un cultivo en macetas, que se sitúan al sol durante los meses estivales y al abrigo en invierno, ya sea en un invernadero o junto a una ventana luminosa.

También podrá experimentar con distintas especies, estilos y combinaciones que en un jardín tradicional serían inapropiados o imposibles. A continuación se sugieren algunas ideas:

- podar «setos» figurativos o abstractos (topiaria) a partir de tejos, bojs, romeros o hiedra para crear esculturas vivas que franqueen la entrada
- podar un enebro en forma de nubes, plantado en una caja con la tierra recubierta de musgo o de piedras para conferirle un toque oriental
- cultivar espárragos, alcachofas o alcauciles en un recipiente fabricado artesanalmente a base de cemento con un doble objetivo: disfrutar de la cosecha y admirar su follaje ornamental
- aportar un poco de exuberancia tropical al plantar plataneras, palmito elevado (*Trachycarpus*), cicas (*Cycas revoluta*) o simplemente un recipiente lleno de *Gunnera manicata*, de hojas gigantes
- cubrir una pared soleada con capuchinas que pendan de latas de pintura recicladas colgadas de ganchos
- plantar austeros *Aeonium* o extravagantes chumberas como piezas decorativas escultóricas
- convertir la mitad de un barril en un oasis en miniatura para juncos o glamurosos jacintos de agua
- sembrar grandes recipientes con una mezcla especial de flores silvestres en una ubicación soleada para que atraigan a las mariposas.

Las claves del éxito

Cultivar plantas en macetas es fácil, siempre y cuando se sigan algunas reglas básicas:

Recipientes (*véase* capítulo 1) Entre semejante variedad de formas, tipos y materiales disponibles, es importante utilizar un recipiente que aporte las mejores condiciones de crecimiento posibles a las plantas elegidas. A la hora de adquirirlos hay que tener en cuenta el aspecto, el precio y la resistencia.

Ubicación (*véase* capítulo 2) Las macetas permiten cultivar plantas en las partes sin tierra del jardín o colocarlas en lugares estratégicos del patio o terraza. Para ello es necesario pensar como un diseñador, aunque sin dejar de lado las necesidades de las plantas, que pueden tener una marcada preferencia por determinada orientación o exposición al sol.

Plantas (*véase* capítulo 3) Si dispone de un recipiente apropiado y una buena ubicación, casi cualquier planta, ya sea un árbol de tamaño considerable o una pequeña planta de rocalla, puede crecer bien. Elegir la candidata ideal puede ser un poco abrumador si no se tiene claro qué se quiere de antemano.

Practicar (*véase* capítulo 4) Crear las condiciones idóneas de crecimiento hace que las plantas prosperen y se desarrollen bien. En la mayoría de los casos, los cuidados periódicos son sencillos.

1

TIPOS de RECIPIENTES

Cualquier receptáculo capaz de retener la tierra
o el sustrato, ya sea una simple bolsa de redecilla
o un exquisito jarrón de porcelana, puede
servir para cultivar plantas. Algunos son más
adecuados para determinados fines o plantas
que otros, y la belleza puede ser tan
importante como la utilidad si las plantas van
a cultivarse como ejemplares aislados
o especímenes en lugares destacados. A pesar
de todo, y al margen de su finalidad o ubicación,
todos los recipientes deben cumplir algunos
criterios esenciales para poder sustentar un
crecimiento vigoroso y saludable.

CARACTERÍSTICAS DE UN BUEN RECIPIENTE

La oferta prácticamente ilimitada de recipientes en los centros de jardinería o alfarerías a menudo dificulta la elección. Los fabricantes son conscientes de que el aspecto es importante, y muchos amantes de la jardinería acumulan macetas con el mismo entusiasmo y criterio que un coleccionista de cerámica o porcelana fina. Sin embargo, el aspecto estético no es más que una de las consideraciones, por más importancia que se le conceda; en realidad, desde el punto de vista de las plantas, otros factores son mucho más cruciales.

Drenaje Los recipientes para plantas terrestres deben drenar sin problemas el agua sobrante para que el sustrato no se anegue y amenace la salud de las plantas. Los recipientes de arcilla o piedra normalmente cuentan con un gran orificio central en la base, mientras que los recipientes

Son muchos los contenedores reciclados que pueden albergar plantas de distintos hábitos de crecimiento. Los geranios colgantes quedan muy bien en cubiteras decoradas (página 16); las suculentas más compactas resultan ideales en latas (izquierda) y los robustos ruibarbos prosperan bien en tinas para lavar galvanizadas (derecha).

más grandes pueden tener varios distribuidos a una distancia uniforme y de mayor tamaño (aproximadamente 1 centímetro de diámetro). Los de plástico a menudo cuentan con numerosos orificios de pequeño tamaño en la parte inferior. Si el recipiente no tiene agujeros, deberá hacerlos con la ayuda de un taladro o bien deberá utilizarlo con fines meramente ornamentales, es decir, para colocar en su interior una maceta normal y recoger el agua drenada; para ello, es aconsejable separar la planta de la base con guijarros y comprobar que el recipiente no quede inundado de agua si llueve de forma prolongada.

Estabilidad Es muy posible que los recipientes situados en el exterior estén expuestos al viento o a recibir golpes accidentales de la gente que pasa, por lo que se recomienda que tengan una base sólida que les confiera estabilidad. En caso contrario, y como alternativa, se aconseja comprobar que el recipiente disponga de espacio suficiente para una generosa capa de grava que aumente el peso de la base.

Todo ello sin olvidar que quizá sea necesario limitar el peso en balcones, terrazas o azoteas. Puede que una bañera de 1,2 metros de largo y 1 metro de profundidad sólo pese 20 kg cuando está vacía, pero si se llena de 100 litros de sustrato húmedo podría aumentar su peso hasta los 200 kg.

Naturalmente, todos los recipientes pesan mucho más, y, por tanto, son más estables, cuando contienen tierra y plantas, pero conviene recordar que las plantas crecen y empiezan a ganar peso en la parte superior, lo que aumenta su resistencia frente al viento, sobre todo si crecen en recipientes altos y estrechos.

Resistencia Además del viento, los recipientes deben soportar en el exterior las lluvias, los días de sol más intenso o las heladas. Si se trata de especies perennes, vale la pena que los materiales elegidos resistan razonablemente bien las inclemencias y sean de fácil mantenimiento. La exposición continua a los elementos modifica el aspecto de los recipientes: algunos materiales adquieren colores atractivos o pátinas, mientras que otros pierden todo atractivo o empiezan a tener manchas.

MATERIALES

Los recipientes se fabrican con muchos tipos de materiales distintos; algunos de ellos son meramente funcionales y otros resultan más atractivos. Las preferencias personales inevitablemente serán el factor decisivo, aunque conviene tener en cuenta también las virtudes prácticas. Los materiales naturales normalmente son más adecuados en entornos despejados y muchos aficionados a la jardinería se limitan a ellos, sobre todo si ocupan posiciones elevadas. Si el entorno está más masificado, bastará con utilizar recipientes más funcionales, que además son más económicos.

Arcilla y terracota Materiales tradicionales y versátiles con un atractivo acabado incluso con el paso del tiempo, el desgaste o las manchas de cal. Están disponibles en cualquier forma, estilo y tamaño, aunque los recipientes más grandes pueden ser muy caros. Al ser porosos, la

Las cajas de madera son recipientes de temporada económicos e ideales para hortalizas, plantas de temporada o plantas anuales (inferior); las plantas vivaces necesitan habitáculos más duraderos de arcilla resistente o bien contenedores metálicos (página siguiente).

tierra del interior puede respirar, pero también se seca con más rapidez que con otro tipo de materiales, de modo que, si la planta prefiere la humedad, las paredes interiores pueden forrarse con polietileno. Manipúlelos con cuidado para evitar roturas, sobre todo cuando el tiempo es muy frío (aunque a veces es posible repararlos) y asegúrese de que los que utilice con especies perennes estén garantizados frente a las heladas. Las macetas de cerámica son vistosas, pero al estar esmaltadas no tienen poros y a menudo se descascarillan fácilmente; además, el esmaltado se agrieta considerablemente en las regiones frías.

Plástico y fibra de vidrio Son materiales muy utilizados para fabricar recipientes ligeros y económicos, desde simples tiestos para flores a imitaciones de recipientes de piedra, plomo o terracota. Algunas de las imitaciones más resistentes tienen un aspecto convincente y envejecen bien, pero las más económicas pueden resultar quebradizas y decolorarse con el paso del tiempo. Como aspecto positivo, pueden desplazarse fácilmente, aunque estén llenos, hecho que no puede decirse de otros materiales. El plástico no es un buen aislante frente al calor o el frío extremos, pero, en cambio, retiene muy bien la humedad.

Madera Se trata de una elección natural, duradera y discreta con buenas propiedades aislantes. Las maderas blandas se pudren fácilmente a menos que se barnicen de forma periódica con algún material apto para plantas, pero el roble, el cedro y el castaño no necesitan ser tratados. Los recipientes de madera se presentan en multitud de formas y estilos, ya sean cuadrados, tipo jardinera, medios barriles o incluso bañeras. La madera es el mejor material para formar macetas y a la vez hacer bricolaje, pero

Alineadas a juego sobre una superficie pavimentada, estas macetas altas de piedra, cual gélidos centinelas, tienen un aspecto impresionante por sí solas, incluso sin los apretados penachos de flores y hojas.

asegúrese de que proceda de explotaciones forestales certificadas. Las cestas de mimbre también constituyen una opción si se tratan para que no se pudran y se forran con plástico en su interior.

Piedra Las macetas de piedra resultan impresionantes y normalmente caras, ya sean de piedra natural o artificial; se utilizan principalmente para crear pequeños estanques o como tradicionales urnas floridas, aunque también existen numerosos diseños y formas actuales. Todas ellas son buenas aislantes, resultan atractivas y resisten bien las inclemencias del tiempo, pero también son extremadamente pesadas a la hora de trasladarlas. El cemento es el tipo de material pétreo menos costoso, y a menudo se utiliza para crear formas y diseños sencillos, con un aspecto final inesperadamente atractivo.

Metal Las macetas metálicas son vistosas y robustas, ya sean los típicos recipientes de plomo o baldes de hierro o versiones más modernas fabricadas con cobre o acero inoxidable. El metal conduce con rapidez el calor y el frío, lo que puede exponer a las raíces y el sustrato a cambios de temperatura extremos, si bien los contenedores pueden aislarse con una lámina de plástico o bien utilizarse como recipiente exterior para recoger el agua de una maceta convencional colocada en el interior. Las latas de conserva recicladas de gran tamaño son ideales, así como las típicas papeleras metálicas de rejilla recubiertas de plástico en el

Los recipientes permiten poner en primer plano los bulbos (ya sean resistentes a las heladas o sensibles a ellas, como este lirio *Nerine sarniensis*), mientras están en flor antes de volver a ocupar un lugar secundario. Las macetas de arcilla drenan adecuadamente para la mayoría de bulbos.

interior (puede ocultar el aspecto convencional introduciendo trozos de helecho o de corteza de coníferas entre la rejilla y el aislante).

FORMAS Y ESTILOS

Muchos de los diseños y las formas más atractivas de los recipientes respondían originalmente a soluciones prácticas desarrolladas para los requisitos concretos de distintas plantas. Por ejemplo, las macetas especialmente altas fueron creadas inicialmente para cultivar guisantes de olor y otras plantas de raíces profundas semejantes, mientras que las macetas bajas, tipo bandeja o con forma de cuenco resultan adecuadas para plantas más modestas como el crocus, el ciclamen o las siemprevivas, que o bien no tienen raíces demasiado profundas o bien se resienten si las raíces están rodeadas de un gran volumen de tierra encharcada. Así que, cuando adquiera nuevos recipientes, no se deje llevar por los impulsos y medite antes sobre el tipo de plantas que desea plantar en ellos.

Los recipientes estilizados, por ejemplo, los cubos ornamentales o los tarros de gran tamaño, son adecuados para plantas de follaje vistoso o plantas colgantes con flor, como las capuchinas, la hierba doncella o las petunias colgantes, además de para plantas que necesitan un entorno profundo y fresco alrededor de las raíces, como las coníferas o los lirios. Recuerde que las plantas suelen ser difíciles de extraer de recipientes que se estrechan por la boca. Las plantas de raíces superficiales pueden cultivarse en macetas o bandejas convencionales albergadas en el interior de un recipiente más grande, como un tubo para chimenea o de drenaje.

Las bandejas bajas y los cuencos de gran tamaño son idóneos para bulbos pequeños o cactus, musgos, gramíneas bajas y muchas plantas rastreras o que, con el tiempo, forman tapetes como el poleo-menta o la armería. Las especies alpinas se suelen cultivar tradicionalmente en sustrato arenoso en jofainas o lebrillos con una profundidad máxima de 15-20 centímetros, mientras que los bonsáis necesitan muy poca tierra (aunque muchos cuidados) y se conservan enanos al limitarse el crecimiento de las raíces

---

Fijar las macetas

Las macetas más bonitas y costosas atraen tanto a los amantes de la jardinería como a los de lo ajeno. Los contenedores, las urnas y los tiestos más grandes son difíciles de transportar, pero los más pequeños son fáciles de robar, por lo que es posible que, dependiendo de dónde resida, tenga que actuar con rapidez. Cuando todavía esté vacío el recipiente, y si va a ocupar el lugar de forma permanente, húndalo en la tierra y, a través del orificio de drenaje, clávelo con una estaca resistente, de forma que quede bien sujeto; rellene el tiesto con normalidad, con cuidado de que el orificio de drenaje no quede obstruido. Una alternativa sería fijar la maceta con una cadena por la base, sujetándola a una varilla de metal situada en el interior y de ahí en un cáncamo atornillado al suelo o a un muro, para protegerla con un candado.

---

en bandejas y platos especiales que a menudo no alcanzan los 5 centímetros de profundidad. Los bonsáis requieren un riego concienzudo, a diferencia de los cactus o las suculentas y algunas matas que toleran sequías ocasionales.

Los recipientes realmente grandes, como las bañeras, los barriles cortados por la mitad o las grandes jardineras, tienen capacidad suficiente para cultivar arbustos, plantas vivaces y árboles frutales y ornamentales. Pueden combinarse con plantas de porte menor, por ejemplo, plantas de temporada.

Observe las diferencias existentes entre un recipiente informal y un tanto rústico como medio barril, más adecuado como minijardín para plantas ornamentales, para adornar el jardín de una casa en el campo o como pequeño jardín acuático, frente a diseños más sofisticados como las jardineras de madera, que son un buen complemento para setos podados ornamentalmente o plantas más aristocráticas, como cítricos, laurel, palmeras o grandes concentraciones de bambúes o de agapanto. Para que el efecto visual sea aún más atractivo, deberá tener en cuenta tanto el entorno como el espécimen: un contenedor moderno y liso puede ser ideal para cultivar arándanos por su fruto y color otoñal (en tierra no caliza), mientras que una planta o arbusto perennes de atractivas hojas encajarían a la perfección en una urna vidriada ricamente decorada.

TAMAÑOS

Como norma, las plantas que crecen en recipientes pequeños necesitan riegos y trasplantes más frecuentes y es posible que se muestren sensibles si se colocan directamente en un gran recipiente para ahorrar tiempo y esfuerzo más adelante. Sin embargo, las especies de crecimiento más lento pueden resentirse si se trasplantan en exceso; además, el sustrato no utilizado pronto deja de estar en buen estado. Lo mejor es empezar con ejemplares muy jóvenes en macetas de 9 a 13 centímetros. Manténgalos lejos del sol abrasador y dentro de bandejas para mayor estabilidad en el exterior. Riéguelos de forma regular con una alcachofa de orificios pequeños.

Muchas plantas ornamentales de temporada, como la salvia, la petunia o la alegría de la casa, pueden permanecer todo su ciclo de vida en macetas de 10, 13 o 15 centímetros de diámetro. Si desea crear una composición floral densa puede introducir las macetas

Capacidad

Leer en el envase que hay que «llenar el recipiente de sustrato» puede resultar un tanto vago e inútil hasta que la experiencia permite calcular cuánta tierra se necesita comprar (tenga en cuenta que la que no utilice se degradará progresivamente).

Los sustratos normalmente se venden por litros. La mayoría de macetas de tamaño medio (1, 2 o 2,5 litros) indican en litros la capacidad, pero otras indican el tamaño haciendo referencia al diámetro, y a veces resulta una sorpresa descubrir que en un recipiente de 30 centímetros de diámetro caben nada menos que de 15 a 17 litros de sustrato. Como norma general, una maceta de 9 centímetros de diámetro tiene capacidad para $1/4$ de litro de tierra, una de 13 centímetros para 1 litro y una de 15 para 2 litros. Un saco de 75 litros alcanza para llenar unas 320 macetas de 8 centímetros, 80 macetas de 13 centímetros, 5 de 30 centímetros o bien unas 24 bandejas para vivero de tamaño estándar.

Un barril de madera cortado por la mitad tiene capacidad y profundidad suficientes para todo un jardín de plantas anuales, perennes e incluso plantas de raíces profundas como los lirios. Calce el barril con pies o cuñas para acelerar el drenaje y prolongar la vida del recipiente.

hasta el borde en recipientes de mayor tamaño, como bañeras o jardineras rellenadas con tierra o corteza triturada compostada con el fin de evitar que se sequen rápidamente. A medida que las flores se marchiten puede colocar en su lugar tiestos con plantas más jóvenes en flor o de una especie distinta para aportar más colorido al conjunto.

El tamaño mínimo de un recipiente que va a albergar una planta permanente es de unos 23 centímetros de diámetro y profundidad, aunque muchas especies necesitarán trasplantes a recipientes mayores a medida que cezcan y aumenten de tamaño. Los árboles frutales y ornamentales prefieren recipientes de 38-45 centímetros de diámetro, aunque si los trasplanta y los poda anualmente se mantendrán bien en un recipiente de ese tamaño durante años.

Si utiliza un recipiente mucho más grande, como una artesa o medio barril para plantas ornamentales o plantas con raíces igualmente superficiales, podrá reducir el peso y el volumen de la tierra utilizada llenando el recipiente hasta la mitad con trozos de bandejas de poliestireno para plantas sin por ello afectar al crecimiento, ya que la mayor parte del sistema radicular se desarrolla en la capa superficial del sustrato, a unos 15-20 centímetros de profundidad.

RECIPIENTES IMPROVISADOS

Con un poco de inventiva son muchos los trastos viejos y recipientes inservibles que pueden cumplir la función de

Adornar las fachadas de los edificios con plantas de flor cultivadas en jardineras, macetas y cajas suspendidas de la barandilla aporta color y vida a los entornos urbanos y contribuye a «reverdecer» las ciudades y los barrios.

CESTAS COLGANTES

Colocar las plantas en un lugar elevado aporta una dimensión adicional al entorno visual del jardín y permite decorar superficies verticales con exuberantes y vistosos tonos de temporada. También hace posible cultivar determinadas plantas, como las de crecimiento rastrero o bien plantas típicas de parterre con un crecimiento desigual. Los recipientes elevados más utilizados son las cestas colgantes, aunque existen también otras posibilidades como las jardineras (*véase* pág. 31), bolsas de plástico especiales para plantas (*véase* pág. 33) o bien macetas sujetas al muro con aros para colgar macetas o en soportes fijados.

  Las auténticas cestas colgantes son abiertas y están fabricadas con una rejilla metálica galvanizada o recubierta de plástico en forma semiesférica o bien a partir de tablillas de madera entretejidas formando un cuadrado. Están pensadas para poder cultivar en ellas durante todo el año y crear así una esfera de hojas y flores, pero tienen que forrarse por la parte interior para evitar que caiga el sustrato o que se seque con demasiada rapidez. La capa de recubrimiento puede ser musgo (incluso podría aprovechar el del jardín), una lámina de plástico o cartón tratado, aunque los mejores materiales son la lana, la fibra o la espuma plástica, ya que retienen la humedad y aíslan mejor.

  Las «cestas» cerradas, ya sean de plástico, de arcilla o de fibra, son verdaderos recipientes o cuencos colgantes. No necesitan estar forrados en el interior y a veces llevan

Una escalera soleada es ideal para disponer alternativamente macetas de geranio de color blanco y rojo. Cada una incorporará un plato en la base para recoger el agua del riego.

integrada la bandeja que recoge el agua de riego sobrante para facilitar el proceso. En la mayoría de estas cestas sólo se planta superficialmente.

Para prolongar la temporada de floración si vive en una zona fría puede introducir las cestas en un invernadero a mediados de primavera para que florezcan abundantemente en el momento de sacarlas al exterior una vez concluidas las heladas. Cuando las temperaturas desciendan en otoño también puede volver a introducirlas en el invernadero para alargar la floración unas semanas.

Cómo plantar en una cesta

Para evitar tener que multiplicar los cuidados, utilice la cesta más grande (unos 35-45 centímetros de diámetro), fórrela con un buen aislante y mezcle el sustrato con hidrogel.

- Sujete la cesta con un cubo o una maceta alta, coloque el forro protector y, en la parte central, un plato que ayude a retener el agua. Llene el recipiente hasta una tercera parte de su capacidad con sustrato hidropónico y presiónelo ligeramente.
- Introduzca de forma espaciada cuatro o cinco plantas colgantes o incluso de alvéolos por los lados, de manera que atraviesen por medio de orificios o cortes el recubrimiento y las raíces entren en contacto con la superficie del sustrato.
- Añada más sustrato, compáctelo con los dedos y trasplante una segunda capa de plantas. Cúbralas con sustrato casi hasta el borde y trasplante en la superficie plantas erguidas en el centro y colgantes en el borde.
- Riegue la cesta a conciencia y manténgala en un lugar resguardado durante dos o tres semanas, hasta que las

plantas crezcan bien. Prepare las especies más sensibles al frío; para ello, acostúmbrelas gradualmente a las condiciones del exterior; una vez pasadas las últimas heladas podrá colocarlas en una ubicación permanente.

- Para conseguir crear una esfera completa, ponga en práctica el procedimiento descrito con dos cestas idénticas, cubra una de ellas con una lámina de material rígido o contrachapado y colóquela invertida encima de la otra cesta. Retire la lámina y «cosa» los dos bordes entre sí con alambre resistente. Suspenda la esfera por la «costura».

JARDINERAS

En otros tiempos dominio de las casas de campo más cuidadas y apartamentos de montaña, las jardineras se han convertido hoy en una opción popular para decorar con plantas la fachada de cualquier hogar, en especial pisos sin otro espacio donde practicar la jardinería. También es cada vez mayor el número de plantas que se cultiva en jardineras, ya sean tradicionales claveles o geranios de hiedra (gitanillas), atractivas plantas estivales con flor, bulbos, trepadoras perennes o coníferas enanas e incluso plantas aromáticas y hortalizas. Con unas pocas precauciones, el éxito en las jardineras está garantizado:

- Pueden colocarse en el alféizar de la ventana si abre hacia adentro; de lo contrario, deberán sujetarse a un nivel inferior. Recuerde que las plantas adultas pueden tapar ostensiblemente la vista y la cantidad de luz que penetra en el interior de la estancia, además de, posiblemente, obstruir la apertura de la ventana.
- Por seguridad, se aconseja que los soportes sean resistentes: laterales si las jardineras se colocan en el alféizar, con cuñas para nivelarlas, o bien mediante

tornillos que sujeten la parte posterior de la jardinera si se sostiene al muro por debajo del nivel del alféizar. Si coloca una bandeja bajo la jardinera, impedirá que caiga agua a los vecinos de las plantas inferiores o a los transeúntes.

- Para mayor simetría y equilibrio visual se recomienda utilizar jardineras que sean de igual longitud o un poco más anchas que la ventana, aunque es posible que el tamaño deba adaptarse dependiendo del acceso o del tipo de ventana o alféizar.
- Las jardineras compradas suelen estar fabricadas en plástico o fibra de vidrio (a veces incluyen una bandeja

Plantas para cestas

La variedad de flores de temporada que se puede cultivar en cestas es enorme y aumenta constantemente.

- La mayoría de plantas ornamentales de floración estival crece estupendamente en la parte superior de las cestas, por ejemplo, las begonias, las fucsias, las alegrías de la casa, los geranios o los tagetes de distinto tipo.
- Entre las plantas colgantes que vale la pena probar destacan las verbenas, *Convolvulus sabatius*, desmodiums, *Helichrysum petiolare*, las gitanillas, las lobelias trepadoras, las escévolas, las tumbergias o las petunias trepadoras.
- Para cestas invernales: *Bellis perennis*, ciclámenes en miniatura, glecomas, brezos, hiedras, coles rizadas ornamentales, pensamientos de floración invernal.
- Para cestas productivas: berros (de hojas y semillas comestibles), espinaca de Nueva Zelanda, perejil, fresas («Aromel» o de tipo alpino), tomates colgantes («Gartenperle» y «Tumbler»).

Siempre que se planten en un sustrato poroso aireado con un poco de arena, las suculentas se desarrollarán sin problemas incluso en los recipientes más pequeños, como este *Aeonium* cultivado en un tiesto de 15 centímetros recubierto de cantos rodados o la siempreviva que surge del recipiente de terracota.

integrada para recoger el agua de riego), metal (también imitaciones de plomo o zinc) o bien madera. Otra posibilidad es construirse uno mismo las jardineras a partir de listones de 2 centímetros de grosor tratados con un producto protector, en caso necesario.

- Asegúrese de que las jardineras tengan orificios de drenaje en la base cada 10-15 centímetros. Fíjelas a su ubicación definitiva antes de tapar los agujeros con trozos de loza y rellenar los primeros 2,5 centímetros de material ligero que facilite el drenaje, como bolas de poliestireno. A continuación, acabe de rellenar las jardineras con sustrato hidropónico y riéguelas bien para que se asiente.

- En vez de colocar las plantas directamente en las jardineras, plantéese la posibilidad de introducir jardineras pequeñas o cestas en su interior, que puedan extraerse y plantarse en otro lugar, o bien que permitan sustituir las plantas por otras una vez se hayan marchitado las primeras. Otra alternativa consiste en hundir las macetas directamente hasta el borde en un relleno de vermiculita o corteza triturada que permita ir sustituyéndolas por plantas más jóvenes o de temporada.

RECIPIENTES ESPECIALES

Actualmente existen versiones de distintos recipientes tradicionales que, en muchos casos, se han desarrollado con fines concretos.

Macetas para fresas Se trata de tiestos altos de plástico o de terracota con aberturas en los lados, a menudo formando una especie de balcones, en cada uno de los cuales crecerá una única planta. Estas torres de cultivo también pueden utilizarse para crear una colección de aromáticas, bulbos o plantas de flor (o versiones más modestas con perejil o crocus). Se van rellenando con sustrato y plantando gradualmente, del mismo modo que se ha descrito en el caso de las cestas colgantes (*véase* pág. 30). A veces son difíciles de regar uniformemente, por lo que se recomienda añadir un poco más de arena a la mezcla o bien colocar un tubo de drenaje en el centro de la torre en el momento de empezar a plantar para rellenarlo de arena y extraerlo girándolo sobre sí mismo cuando la maceta esté llena para dejar un núcleo poroso.

Bolsas de cultivo Son bolsas de plástico largas y delgadas, que contienen sustrato hidropónico y son apreciadas para cultivar tomates u otras hortalizas en verano. No hay ningún motivo que impida utilizarlas también a modo de «arriates» de temporada para otras hortalizas aromáticas o flores, si bien el contenido no es muy generoso y, si se desea que la cosecha sea de primera, se deberá colocar una bolsa sobre otra con orificios comunicantes que doblen la profundidad de enraizamiento. El aspecto a menudo prosaico de las bolsas puede disimularse construyendo un faldón de madera a su alrededor y, para rellenar posteriormente el espacio con material de acolchado como, por ejemplo, corteza de coco o de madera. Si airea y enriquece el sustrato con un poco de abono universal, posiblemente podrá utilizar las bolsas de cultivo una segunda temporada.

Un recipiente colgante, como esta cesta profunda, es un paraíso a prueba de peligros para hortalizas de hoja, como estas lechuguitas, que quedan lejos del alcance de las babosas, pero muy a mano para preparar una ensalada.

¡Todo amante de la jardinería
es en el fondo un artista!
Con unas cuantas espirales
de pintura de vivos colores
se consigue transformar este
recipiente, de otro modo
anodino, en un magnífico
ejemplo de vitalidad que
combina a la perfección con
los colores alegres de esta
colección de anémonas
y francesillas.

Bolsas para cultivar flores Son bolsas de cultivo en miniatura que incorporan orificios de plantación o bolsillos, y que están diseñadas para colgar verticalmente de una pared. Antes de rellenarlas con el sustrato, mézclelo con un poco de hidrogel para que se conserve mejor la humedad. Pueden plantarse con las mismas variedades colgantes recomendadas anteriormente para las cestas: plantas ornamentales compactas como mímulos, alegrías de la casa o petunias, aunque también otras comestibles, como el perejil, la ajedrea, la albahaca o la lechuga, para cosechar por hojas.

DECORACIÓN DE RECIPIENTES

Incluso vacíos, muchos recipientes constituyen bellas obras de artesanía que no necesitan embellecimientos adicionales. Otros pueden tener un aspecto poco inspirador, pero existen numerosas técnicas para transformar recipientes lisos, recuperados o reciclados.

Pintura Incluso las macetas de plástico más económicas pueden adquirir carácter propio si se pintan con dos o tres capas de lechada, algún resto de pintura al agua o pintura para azulejos o pizarras sobre una capa de imprimación para exteriores. La pintura metalizada o cristalina aporta a los recipientes de plástico y arcilla un acabado de diseño, los *kits* especiales de acetato básico de cobre (verdigris) un aspecto antiguo y los protectores de distintos colores potencian el aspecto de la madera sin tratar.

Envejecimiento artificial Puede acelerar los efectos del paso del tiempo en superficies de cemento o piedra si las

El acabado frío y aséptico y las líneas austeras de estos recipientes de aluminio y acero galvanizado son una buena decoración para los hogares contemporáneos y resaltan las formas orgánicas fluidas de las hojas y los tallos.

Tan atractivo como otras composiciones mucho más suntuosas, este comedido diseño emplea una gama de elementos limitada (un contenedor metálico satinado, una esfera viva de color verde inmaculado y grava de un color neutro y agradable) a imitación de una escultura viva perfectamente podada. En conjunto, crea una atmósfera que transmite paz y tranquilidad.

pinta con una mezcla líquida de yogur natural y estiércol diluidos en agua. Esta mezcla ensucia la superficie y potencia la aparición de musgos y líquenes.

Hipertufa Cualquier fregadero de porcelana, contenedor de cemento, jardinera de plástico o incluso caja de poliestireno puede transformarse fácilmente en una imitación de piedra si se recubre con hipertufa o pasta piedra, un acabado artificial que recuerda a la roca volcánica natural.

Mezcle 1 parte de cemento y 2 de arena (o bien utilice mortero seco ya mezclado) con 2 partes de sustrato hidropónico desmenuzado y añada agua suficiente hasta obtener una mezcla homogénea fácil de trabajar. Pinte la superficie exterior con cola vinílica de exterior y, mientras aún esté pegajosa, distribuya una capa de hipertufa por toda la superficie. Para reforzarla, aplique una segunda capa al día siguiente y modélela con los dedos si desea obtener un acabado original o bien, transcurridas 24 horas, con una brocha rígida.

Arriates elevados Los fregaderos, los depósitos o las jardineras pueden recubrirse con láminas de distintos materiales vegetales como bambúes, brezo o cercas de madera cortadas a la medida y fijadas por medio de clavos o alambre retorcido perfectamente sujeto. Estos mismos materiales, o una valla realizada a partir de listones, sirven para ocultar las bolsas de cultivo.

ACOLCHADOS

Cubrir el sustrato de un recipiente con un acolchado (una capa de material protector) puede tener efectos beneficiosos y, a la vez, mejorar el aspecto estético.

Depositar una capa de 2,5 centímetros de gravilla o arena de sílice alrededor de suculentas y otras plantas sensibles a la humedad mejora el drenaje y ayuda a prevenir la putrefacción durante las estaciones húmedas. Los acolchados a base de cáscara de huevo seca y triturada ahuyentan a las babosas, mientras que uno a base de hojas de té ya usadas o poso de café ayuda a mantener la acidez que tanto gusta a las ericáceas (no soportan los sustratos calizos), como las azaleas, los epimediums y los trilliums (al igual que colocar bolsitas de té usadas en los orificios de drenaje en el momento del trasplante).

Colocar piedras planas o los fragmentos de pizarra alrededor de arbustos y árboles cultivados en recipientes mantiene la humedad del sustrato, ayuda a mantener baja la temperatura de las raíces y confiere un atractivo aspecto tosco. También se pueden emplear materiales orgánicos como la corteza de árboles o de coco, hayucos o piñas pequeñas. Existen otros materiales decorativos como las cuentas de cristal, los fragmentos de cobre reciclado, la grava pintada de colores o caparazones de distintos tipos de moluscos, que contribuyen a reducir el riego y el crecimiento de malas hierbas si se utilizan como acolchado.

ACCESORIOS

Además de sustrato fresco y recipientes de distintos materiales y formas, los entusiastas de las macetas deberán disponer de un sencillo *kit* de herramientas y utensilios básicos.

Aditivos para el sustrato Destaca el hidrogel (polímero absorbente en gránulos), capaz de absorber y posteriormente liberar grandes cantidades de agua y que se mezcla con el sustrato para evitar que se seque por completo; también se utilizan la arena silícea, la arena, la vermiculita y la perlita, que pueden agregarse al sustrato para mejorar el drenaje en el caso de plantas sensibles al encharcamiento. Por último, se necesitan fertilizantes de liberación lenta y abonos generales para mejorar el sustrato una vez que se hayan agotado los nutrientes que contenía.

Componentes de mayor tamaño La grava, los fragmentos de recipientes de barro, los ladrillos reducidos a trocitos y los fragmentos de poliestireno son materiales útiles para crear una capa drenante en la base de los recipientes. Las piedras planas y los trozos de pizarra pueden utilizarse para el acolchado de grandes recipientes y para calzarlos sin tener que recurrir a los «pies» que se comercializan para tal fin y así nivelarlos y mejorar el drenaje en la base.

Herramientas de jardinería Una pala plantadora estrecha resulta ideal para plantar; también puede usarse una cuchara vieja en el caso de plantas más pequeñas, como las de alvéolos. Una horquilla de mano (o un simple tenedor) resulta útil para airear y aligerar el sustrato, sobre todo en los recipientes con plantas más antiguas, ya que la superficie se suele compactar, desarrollar malas hierbas o adquirir una coloración verde a causa de las algas. Si a ello le añadimos etiquetas limpias, cuerda o rafia, alambre de jardinería, tijeras de podar o un cuchillo afilado y una selección de latas de conserva recicladas y tutores, y quizá también unos guantes, el *kit* esencial de jardinería estará completo.

ESPACIOS para MACETAS

El entorno es tan importante como el estilo de la maceta y la planta que alberga. La ubicación de las plantas puede venir dictada por razones prácticas o de peso, por ejemplo, la necesidad de protegerlas de los vientos fríos o la facilidad de acceso para el cuidado, y en algunas ubicaciones urbanas puede convertirse en un reto.

Sin embargo, en la mayoría de los casos es una decisión que sólo requiere un poco de imaginación, y quizá también una pizca de sentido de la diversión y la aventura, para encontrar el lugar ideal donde colocar un recipiente y convertir una planta habitual en un ser vivo de gran belleza que desempeñe una función espacial clave.

El impacto visual depende del entorno. Los cubos de pesada madera recubierta de aluminio (página 38) predominan sobre los cuatro elementos estructurales cuadrados a juego situados en los alrededores, mientras que el aguacate de copa caprichosamente densa y elevada (izquierda) se funde a la perfección en un entorno desenfadado de guijarros, gravilla y juncos.

CONSIDERACIONES PRÁCTICAS

Cualquier maceta o recipiente ideado con un poco de imaginación y fabricado con habilidad es potencialmente un buen exponente de destreza artesana, aun cuando no se utilice para albergar una planta. Decidir una ubicación es, pues, como elegir dónde exhibir una escultura: el aspecto y el impacto visual lo son todo, y su buen ojo le dirá cuándo se encuentra ante el lugar que mejor potenciará sus cualidades. Una ánfora griega que surge de un mar de enebro rastrero, por ejemplo, constituye una composición por derecho propio.

Una vez se ha trasplantado la planta al recipiente, sin embargo, las prioridades cambian y la cuestión clave pasa a ser su bienestar. Algunas de ellas necesitan sol, por ejemplo, mientras que otras prefieren la sombra y los ambientes frescos. Los vientos continuos dañan las hojas grandes y tiernas, así como los brotes, y secan inmediatamente el contenido de los recipientes, sobre todo los de material poroso como la arcilla; las fuertes ráfagas pueden derribar las plantas más altas o más frondosas, un aspecto que habrá que tener muy en cuenta en balcones y terrazas. Todas las plantas deberán quedar completamente al alcance para poder regarlas y cuidarlas adecuadamente, lo que quizá signifique realizar algunos cambios para evitar que las cestas colgantes o las jardineras queden en lugares incómodos.

Sea cual sea el aspecto de una planta, compruebe siempre en qué hábitat natural crece y cuáles son sus necesidades de cultivo para asegurarse de que prospere en el lugar elegido. Muchas plantas toleran ubicaciones que no resultan completamente adecuadas, y algunas como las suculentas o las plantas nativas resisten incluso las negligencias, pero, si desea que crezcan de manera saludable, que requieran menos cuidados y que tengan un menor índice de decesos, elija desde el principio la ubicación más adecuada.

Algunos trucos

- Un único recipiente de gran tamaño colocado en un lugar llamativo puede causar admiración, además de ofrecer mucho espacio para las raíces de algún espécimen igualmente espectacular o quizá para toda una colección de plantas compatibles.
- Agrupe las macetas más pequeñas para potenciar su impacto conjunto (muchas veces el conjunto supera la suma de plantas individuales) y facilitar el mantenimiento.
- Las macetas de formas y materiales a juego o que se complementen transmiten mayor sensación de conjunto que una colección variopinta, pero las formas y alturas deberán ser variadas para evitar caer en la uniformidad.
- Un recipiente muy alto, como un tubo de chimenea, puede tener un aspecto desgarbado en solitario, pero, en cambio, ganará en medio de un pequeño grupo de recipientes del mismo estilo.

Las macetas desempeñan distintos tipos de cometidos en un jardín. Pueden ocupar el centro de la escena (como esta destacada tina metálica coronada con una hosta de tonos abigarrados) o hacer de figurantes y aportar variedad y atractivo a este arriate permanente.

RECIPIENTES EN PATIOS

Un patio, aunque esté empedrado o enlosado, es como un escenario, y los recipientes como los actores que pueden colocarse en distintos lugares para añadir dramatismo: pueden suavizar la austeridad de muros y losas o aportar vida donde sólo habría un entorno artificial y anodino.

La distribución final de las macetas dependerá del impacto que se quiera crear. Las plantas trepadoras, los arbustos y los pequeños árboles plantados en recipientes de consideración cubrirán un muro o bien crearán una pantalla, mientras que las hayas, los bambúes o una mezcla de arbustos de flor y de fruto autóctonos plantados en recipientes agrupados en fila puede convertirse en un eficaz seto que cortará el viento o bien aportará cierta intimidad.

Puede decorar un muro libre con macetas suspendidas, cestas colgantes o jardineras con sus correspondientes estructuras metálicas firmemente fijadas y convenientemente alternadas para evitar que el crecimiento de las plantas colgantes limite el de las situadas más abajo. Son muchas las plantas trepadoras atractivas que se enredan sin dificultad, mientras que algunas vivaces reptantes, como *Persicaria affinis*, la consuelda (*Ajuga*) o las campanillas de hábito rastrero penderán formado coloridas guirnaldas vivas.

Cuando se colocan varias macetas en un mismo lugar se consigue salvar la distancia que separa la casa del jardín y se contribuye de manera importante a crear un paisaje desde ambos lugares estratégicos, por lo que la ubicación

y la disposición de las composiciones principales deben ser audaces. Utilice las plantas más grandes como los árboles, los arbustos y las trepadoras, como foco de atención, y distribuya las macetas más pequeñas a su alrededor para crear ambiente, posiblemente sustituyendo las plantas por otras nuevas a medida que se sucedan las épocas de floración. Utilice como soporte para plantas algunas macetas o cubos vueltos del revés o bien troncos para crear distintas alturas. Recuerde crear un área de plantas

Colocar las macetas

- Seleccione ubicaciones permanentes para los árboles, los jardines acuáticos y las composiciones demasiado pesadas.
- Construya una base móvil con ruedas o un carrito bajo para poder desplazar las plantas en caso de que tenga que trasladarlas a lugares más adecuados o al interior de casa para protegerlas de las heladas.
- Los frutales, las hortalizas y otras plantas amantes del sol tienen que desplazarse a lo largo de las estaciones para exponerlas al sol o protegerlas del frío.
- Forme grupos con las macetas más pequeñas cuando el tiempo mejore para poder regar o proteger mejor las plantas de las heladas.
- Las plantas sensibles a las heladas y resistentes a la sequía y los recipientes que se hielan fácilmente deberían trasladarse al interior en invierno.
- Si quiere proporcionar continuidad al jardín, mantenga una reserva de plantas jóvenes o alternativas para reemplazarlas por aquellas cuyo momento de esplendor haya acabado.

Puede crear jardines perennes completos o esquinas de plantas de temporada agrupando distintas plantas variadas: redistribúyalas en función de su altura o de la época del año y sitúe las plantas con flor en primer plano, como en la fotografía.

aromáticas y lechugas diversas para poder recolectarlas sin salir de casa.

Mantenga los caminos principales del patio y los accesos libres de obstrucciones. Una posibilidad es flanquearlos con macetas formando una especie de avenida de flores de temporada, como lirios, fucsias o altas y perfumadas nicotianas, calderos con gruesas hostas o ruibarbo o bien plantas más permanentes como el boj (*Buxus*), podado en formas esféricas o de huso. Los escalones son expositores listos para exhibir plantas de flor en macetas.

Añada alguna composición acuática o algún sistema de iluminación discreto para crear ambiente, pero no los instale de forma permanente si va a tener que modificar la distribución; recuerde que uno de los principales puntos a favor de las macetas es su movilidad y puede que necesite tener libertad para trasladar las composiciones y adaptarlas al recorrido del sol, distribuirlas en función de las sucesivas floraciones o simplemente liberar espacio para una fiesta en el patio o el jardín.

DECORAR CON RECIPIENTES

Las plantas que crecen en macetas pequeñas son las estrellas de la escena, sobre todo en patios, cercados y zonas limitadas, y las colecciones inmediatamente aumentan con las nuevas incorporaciones… aunque siempre hay lugar para otra planta pequeña e irresistible.

Si se queda sin espacio en el suelo o si, por el contrario, su colección no luce lo que debería en una ubicación tan baja, busque algún sistema para elevar las plantas de forma que queden más a la altura de la vista. Los muros o verjas constituyen zonas de exhibición potenciales donde las plantas trepadoras pueden fusionarse de manera adecuada desde las macetas situadas en el suelo con las cestas colgantes y las plantas en macetas suspendidas por medio de aros sujetos entre los listones de las celosías.

Cuelgue las macetas y cestas en grupos de tres o más para que el resultado cause más impresión. Las cestas metálicas semiesféricas, los comederos de animales domésticos, las macetas planas por la parte posterior e incluso las latas de conserva recicladas y pintadas pueden sujetarse fácilmente mediante tornillos en superficies verticales tanto para plantar en ellas directamente como para sujetar otros recipientes. Las bolsitas de cultivo de plástico y similares pueden colgarse simplemente de ganchos.

Los alféizares y las cornisas son plataformas evidentes para las macetas y jardineras (*véase* pág. 31). La superficie superior de los muros bajos es una base ideal para recipientes y contenedores, aunque también puede construirse usted mismo cajones de madera, ladrillos o cemento para crear un jardín elevado permanente donde plantar o trasplantar diversos especímenes. Las estanterías fijas o ajustables en los muros y cercas multiplican las posibilidades de exhibición, pero es mejor que recorte círculos en los que sujetar las macetas para evitar accidentes.

Los recipientes solitarios situados cerca de un muro pueden añadir vistosidad, pero son igualmente eficaces en espacios abiertos, quizá porque contrastan con el paisaje o un simple seto como telón de fondo. Las jardineras tradicionales, una cazuela cónica reciclada y convertida en

Las colecciones de bulbos, como estos híbridos de *Hippeastrum* (amarilis) o narcisos en miniatura, crecen estupendamente en macetas, que, además, permiten situarlos en un primer plano cuando estén en fase de crecimiento y resguardarlos en un lugar seco cuando estén en fase latente.

soporte o una escalera vieja pintada proporcionan distintos niveles para la exhibición de composiciones escalonadas de plantas trepadoras, bulbos, una colección de suculentas o para destacar las estrellas de la temporada como los crisantemos o los claveles.

CESTAS Y CAJONES

La madera, el alambre o el mimbre son materiales con un aspecto natural o informal que pueden ayudar a que los recipientes se fundan con el entorno o se conviertan en un escenario pasivo para las resaltar las plantas.

Cestas

Las varas de sauce o avellano o las cañas de bambú partidas por la mitad son sólo algunos de los materiales utilizados para tejer las cestas tradicionales, unos recipientes excelentes y bastante duraderos si se tratan con un protector de madera o se forran con una lámina de plástico en el interior. Las cestas especialmente decorativas merecen exponerse sobre la mesa o en un estante. La mayoría de ellas están diseñadas para colgar de una pared, aunque algunas de mayor tamaño, como las cestas compuestas con troncos o las canastas para la ropa sucia, quedan bien directamente en el suelo, decoradas con composiciones informales de plantas aromáticas y otras propias de casas de campo o bien algún arbusto, como una leycesteria o un mirto. Lo mismo puede decirse de las papeleras de rejilla metálica.

Las cestas colgantes son muy apreciadas y versátiles, pero requieren que se estudie concienzudamente la ubicación, porque su escasa capacidad para albergar sustrato se traduce en riegos regulares, incluso dos veces al día en verano. Todas las cestas pesan mucho cuando están llenas y húmedas (alcanzan los 10 kilos). Cuélguelas de soportes fijados con tacos y tornillos en paredes o muros resistentes o bien de ganchos en una pérgola o estructura elevada similar.

Quedan especialmente bien cuando flanquean las entradas o las ventanas, pero asegúrese de que se encuentren fuera del paso de las personas, sobre todo cuando goteen. Evite los lugares expuestos al viento y elija plantas que se adapten bien a las horas de sol

Jardinería de sobremesa

Las plantas especiales merecen exhibirse en un lugar exterior destacado, aunque sea sencillo, como el sobre de una mesa de jardín: por ejemplo, un cuenco plantado con fragante heliotropo o clavellinas, un montículo de cactus en flor o una *Begonia sutherlandii* rastrera elevada sobre un soporte resistente para pasteles. Enmarcar el sobre de una vieja mesa camilla o de jardín de madera con listones de unos 8 centímetros de altura crea una zona de cultivo ideal para plantas aromáticas enanas, plantas rastreras o incluso gramíneas finas con las que crear un atractivo tapete vivo. Además, puede añadir fragmentos de pizarra o baldosas para crear posavasos y manteles individuales.

El alféizar de una ventana o
una repisa son candidatos
idóneos para albergar
una jardinera. En ella pueden
plantarse un sinfín de
tradicionales plantas
ornamentales, por ejemplo,
petunias, hiedra, lobelias
o geranios, como en la
fotografía, pero también
podría albergar flores
perennes durante todo el
año. *Brugmansia* (sin. *Datura*)
suaveolens (floripondio) es
un candidato perenne típico,
ideal para recipientes, al igual
que las tuyas que rodean
la puerta.

Esta jardinera ocupa una ubicación soleada (izquierda) y produce exquisitas flores ornamentales en verano. Alberga hierba doncella de Madagascar (*Catharanthus roseus*), una planta resistente a la sequía que crecería bien incluso en un zaguán oscuro y al resguardo de la lluvia.

El ingenio no conoce límites. Las losas sujetas con tiras de plástico de embalar (página siguiente) crean unos eficientes y atractivos recipientes donde cultivar plantas ornamentales a finales de primavera sobre un muro de baldosas a juego.

o de sombra que recibirá la cesta. Para mejorar el acceso a la hora de regarlas puede suspender las cestas de una polea, dotarlas de una cadena ajustable o accionada por resorte o bien utilizar una regadera o una lanza alargada para regar.

Las cestas colgantes son portátiles y, por tanto, pueden trasladarse a un invernadero durante el invierno. De esta manera se prolongará la temporada de floración, aunque también puede plantarlas con cactus epifitos y tradescantias o plantas perennes sensibles al frío, como las gitanillas o las petunias colgantes. Si no se exponen a las heladas, se conservan ligeramente húmedas y reciben una adecuada luminosidad, las plantas perennes ornamentales sensibles al frío sobrevivirán al invierno en el interior y proporcionarán útiles esquejes cuando llegue la primavera.

Cajas y cajones

Las cajas y los cajones reciclados de madera o sus versiones, fruto del bricolaje casero, ofrecen mayor profundidad y mejor drenaje que otros muchos recipientes grandes, y con un peso considerablemente menor. Dependiendo de su capacidad y de su forma, su potencial puede ser infinito. Las cajas tipo semillero, por ejemplo, son ideales para exhibir pequeños cactus, suculentas, musgos, armerias o plantas alpinas en miniatura en estanterías o sobre la mesa, ya sea trasplantados directamente a la caja o bien hundidos, dentro de sus recipientes originales, en un relleno de arena silícea. Las cajas más grandes constituyen un recipiente perfecto para hortalizas, plantas con fruto, arbustos y árboles y pueden convertirse en elementos estratégicos si se sitúan, por ejemplo, junto a

los accesos o pasillos, en especial en los cruces, o bien
en los laterales del patio o la terraza. Cuando coloque cajas
grandes junto a los muros de la vivienda, deje un espacio
libre de 5-8 centímetros para que corra el aire; así evitará
problemas de acumulación de humedad. Las jardineras
requieren una planificación más cuidadosa a la hora de
elegir la ubicación para que sean estables, seguras,
discretas y fácilmente accesibles: los alféizares son «zonas
secas» de las casas, ya que no recogen la suficiente agua
de lluvia, de modo que es muy posible que tenga que
regarlas cada día en verano. A menudo son recipientes de
carácter permanente, lo que obliga a pensar cuál será su
aspecto y sus usos a lo largo de todo el año. Los diseños
simples, la armonía de escala respecto a los muros y
ventanas y el empleo de materiales que requieran escaso
mantenimiento son aspectos cruciales.

Una estructura de jardinera básica también es apta para
balcones y terrazas, sujeta a rejas o incluso como jardines
en el techo de embarcaciones.

TERRAZAS Y BALCONES

La jardinería de altura depende casi exclusivamente del
empleo creativo de recipientes para crear el espacio
suficiente para el desarrollo de las plantas. Un balcón
puede constituir un emplazamiento privilegiado para un
jardín en miniatura: incluso las pequeñas repisas de las
ventanas típicas de las ciudades permiten la colocación
de unas cuantas macetas para contemplar desde el interior.
Las terrazas o azoteas, en cambio, ofrecen un sinfín de
posibilidades para disfrutar de la vida al aire libre, permiten
sentirse más cerca de la naturaleza y crear un oasis de
verdor impagable en el corazón de la ciudad. El peso es,

Utilizar recipientes permite
cultivar plantas en lugares
en los que la mayoría
normalmente no crecerían,
ya sea aprovechando
elementos murales (izquierda)
o creando completos jardines
en una terraza o azotea
(página siguiente).

en este caso, el factor crítico, por lo que resulta vital que los recipientes resulten estructuralmente estables (deberá comprobarlo un profesional), antes de colocar plantas u otros elementos pesados como mobiliario o materiales de pavimentación. El peso total puede distribuirse colocando los recipientes más pesados cerca o directamente encima de muros de carga o bien en escalones; también puede fijar otros recipientes a los muros, alféizares o antepechos para reducir el peso directo sobre el suelo. Elija los recipientes más ligeros (los cubos de plástico funcionan bien con las plantas grandes, por ejemplo), utilice poliestireno como material drenante y rellene los recipientes con sustrato hidropónico. Antes de empezar a distribuir alegremente multitud de recipientes, asegúrese de que no va a verse obligado a tener que transportar escaleras arriba gran cantidad de garrafas o regaderas llenas de agua. Instalar un grifo le ahorrará esfuerzo, aunque también puede recoger el agua de la lluvia en bidones si es que el exceso de peso no lo impide. La exposición a los elementos puede ser un problema, sobre todo el viento, por lo que es posible que tenga que proporcionar protección adicional a las plantas, ya sea colocando delante plantas más resistentes (*véase* recuadro) o protegiéndolas con una pantalla de policarbonato con perforaciones para que se reduzca la cantidad de viento en vez de actuar como una pared.

Tenga en cuenta también el entorno para no obstruirlo innecesariamente, y coloque los recipientes de forma que enmarquen o complementen las vistas. También el aspecto desde la calle puede ser importante: un jardín en un balcón puede mejorar el aspecto visual de un edificio o piso si está bien gestionado. Recuerde que la vida animal, sorprendentemente abundante en hábitats urbanos, se sentirá atraída, aunque sólo haya unos cuantos recipientes que explorar o rebuscar; elija, pues, flores perfumadas y

Tan atractivas como un paisaje de hermosas chimeneas contra un cielo azul, estas macetas de terracota clásicas casi eclipsan su contenido. Observe las discretas reparaciones realizadas con alambre y abrazaderas.

ricas en néctar y coloque recipientes de agua, comederos o casitas de anidamiento para los huéspedes alados.

Experimente con plantas de distintos tipos, ya que el microclima de las alturas podría ser bastante distinto del típico del jardín a pie de calle. La resistencia a la sequía es, en esta ocasión, un punto a favor, sobre todo en ubicaciones soleadas o recubiertas de color negro, que hace que la temperatura aumente inmediatamente. El calor asciende, y los emplazamientos urbanos construidos suelen ser más cálidos que las zonas rurales, de modo que colocar plantas en ubicaciones elevadas podría evitar los efectos de las heladas en el piso y posibilitar el cultivo de especies sensibles al frío que quizá no tendrá que entrar en casa durante el invierno.

Plantas resistentes al viento

En un entorno abierto, la colección podría estar representada por plantas resistentes, aunque también puede elegir plantas altas que creen una barrera frente al viento y actúen como resguardo para otras menos resistentes. Investigue con distintas especies y variedades, como *Anthemis*, *Atriplex*, boj, retama, budleyas, *Bupleurum*, pinos y piceas enanas, eleagnos, eringios, escalonias, brezos, verónicas, eléboros, acebos, *Kniphofia*, *Olearia*, serbales, rosas rugosas, estátices (*Limonium*), tarajes y tejos.

JARDINES EN PILAS

Las antiguas pilas de piedra y las versiones vitrificadas más modernas recubiertas de hipertufa (*véase* pág. 36) son ideales para plantar plantas alpinas y de rocalla que ocupan poco espacio, al aportar frescor en la zona de enraizamiento, drenar rápidamente y contar con una superficie protegida que impide la acumulación de agua. Son elementos clásicos del jardín que se sitúan en lugares privilegiados, normalmente a pleno sol y que quedan bien en solitario o en grupo, quizá con algunas de ellas elevadas sobre ladrillos o bloques para variar las alturas y favorecer el drenaje. Dado que suelen ser muy pesadas, elija bien la ubicación antes de llenarlas. Complete este hábitat en miniatura una vez plantado con unas cuantas rocas

Plantas para jardines en pilas

Flores de temporada:
- primavera: *Androsace*, *Saxifraga* rastreras, *Erysimum* (variedades enanas), prímulas
- verano: clavellinas alpinas, *Campanula cochlearifolia*, *Geranium dalmaticum*, tomillos rastreros
- otoño: ciclámenes enanos y sedos, gencianas, *Leucojum autumnale*
- Invierno: crocus tempranos, campanillas de invierno

Entre los posibles arbustos destacan *Genista pulchella*, *Petrophytum caespitosum*, *Rhododendron repens*, *Salix reticulata* y *Sorbus reducta*.

Los recipientes son ideales para los jardines acuáticos, ya sean impermeables (miniestanques) o macetas convencionales más pequeñas (permiten sumergir plantas acuáticas o propias de los márgenes). Los recipientes mayores quedan muy bien junto al agua o como «islas» florales flotantes.

pequeñas y atractivas que afloren a la superficie y acabe el conjunto con una capa de acolchado de 2,5 centímetros de grava o guijarros.

EL AGUA EN EL JARDÍN

Para poder disfrutar de una «instalación acuática» en el jardín se necesita un recipiente impermeable que cumpla la función de estanque. Puede tener cualquier tamaño siempre que sea apropiado para la escala y fin ideados, ya sea medio barril dedicado a los nenúfares, por ejemplo, o una sencilla y pequeña bandeja donde floten algunas plantas de tamaño reducido, velas o una fuente de burbujas con alimentación solar.

Cualquiera de estas composiciones deberá quedar a buen recaudo (el agua es irresistible para los niños), ser fácilmente accesible, tanto para contemplarla como para realizar el mantenimiento, y permanecer alejada de los intensos vientos para evitar que el agua se evapore con rapidez. Evite los lugares situados debajo de árboles de hoja caduca si el estanque va a albergar peces. Si recibe sombra durante parte del día, las fluctuaciones de temperatura se moderarán; para lograrlo, podría bastar con elegir cuidadosamente la orientación o bien incluir plantas cuyo follaje flote (*véase* pág. 76); evidentemente, será necesaria una exposición completa al sol si el estanque cuenta con algún dispositivo solar.

Nenúfares para cualquier recipiente

Existen numerosos nenúfares resistentes a las heladas, con tamaños que oscilan desde cultivares en miniatura para pequeños cuencos a vigorosos nenúfares que necesitan contenedores profundos. En cualquier caso, habrá que prever un espacio de crecimiento acuático de el doble que el indicado. Entre los cultivares de *Nymphaea* más interesantes destacan:

- los enanos (profundidad mínima de 8 centímetros): «Froebelli», *N* x *helvola*, *N. tetragona*
- los pequeños (mín. 15 centímetros: «Albatross», «Gloriosa», «Sioux»
- los medianos (mín. 30 centímetros): «Escarboucle», *N. odorata*, «Sunrise»
- los grandes (mín. 45 centímetros): «Atraction», «Charles de Meurville», «Mrs Richmond».

Con el tiempo, pueden irse adquiriendo distintos tipos de macetas o recipientes para adornar una terraza o flanquear escalinatas: en la fotografía consisten en cajas pintadas de aspecto formal y medios barriles rústicos, urnas de terracota, jarrones y recipientes elevados, macetas con guirnaldas decoradas e incluso una clásica urna de piedra elevada sobre un pedestal.

Ubique los contenedores de agua ornamentales de gran tamaño, por ejemplo, los de piedra, los vitrificados o una bañera de madera, a ras del suelo (y no olvide el considerable peso que tiene el agua si pretende colocarlos en balcones o terrazas). Los recipientes menos profundos pueden exhibirse en mesas, pedestales o muros bajos, donde quizá también atraigan a los pájaros a darse un baño. Un depósito sencillo de plástico ligero puede elevarse mediante bloques de modo que quede más cerca de la altura de la vista y oculte los pies dentro de un recipiente mayor o un arriate elevado. Otra alternativa es enterrarlo en el suelo hasta el borde, posiblemente rodeándolo de algún tipo de plataforma, por ejemplo, de losas, que lo realce; si entierra un conjunto de depósitos de esta manera en los laterales del jardín o el patio podrá formar una especie de foso. Si prevé reconvertirlos en un estanque pantanoso donde cultivar vegetación propia de márgenes o plantas amantes de la humedad, no olvide realizar algunos orificios de drenaje.

Para facilitar el mantenimiento, asegúrese de que cualquiera de estos estanques artificiales se encuentre cerca de un punto de agua para su llenado o rellenado (el agua de lluvia excedente puede aprovecharse y conducirse para nivelar el contenido de agua de los contenedores) y de un punto de electricidad en caso de que disponga de algún tipo de bomba o iluminación.

FOCOS DE ATENCIÓN

Los diseñadores suelen situar un recipiente singular o un grupo de macetas como elemento destacado o foco de atención para atraer (o alejar) las miradas hacia un punto determinado del jardín. Dos de estos elementos podrían servir para flanquear una entrada o un camino del jardín; varios de ellos a juego, convenientemente espaciados, podrían crear una barrera delimitadora o una serie de elementos que dirijan la mirada hacia delante.

Para crear uno de estos focos que realmente atraiga las miradas, deberá destacar considerablemente de su entorno y alejarse bastante de otros elementos destacados. Podría ser simplemente una roca elevada situada en el centro de una zona de césped o al final de un camino, una elegante jardinera con algún seto podado en alguna forma atractiva, un árbol vistoso alejado del entorno más informal, o simplemente un deslumbrante tiesto con flores de vivos colores cerca de un margen insulso o un seto oscuro. Otra idea sería colocar varias macetas coloridas a intervalos en un arriate (o delante de él) para crear un contraste destacado o para romper la uniformidad si el jardín se encuentra temporalmente en horas bajas. Antes de elegir y colocar uno de estos puntos focales se recomienda planificarlo y meditarlo un poco. La planta o el recipiente de atractivas formas o colores debería contrastar con su entorno más inmediato o bien recordar el estilo de algún elemento cercano. Debería ocupar un lugar lógico, ya sea como indicador o para potenciar el entorno, dar vida a un fondo anodino o actuar como eje en una esquina o margen. Elija plantas atrevidas como, por ejemplo, especies ornamentales estivales vivaces, un árbol de formas escultóricas como el pino araucano, o un extravagante miscantus o *Cotinus*

coggygria, por ejemplo, aunque deberá asegurarse de que el estilo de la planta combine con el del recipiente. A una escala más modesta puede jugar con los contrastes visuales, por ejemplo, con un cuenco de flores vívidas, como amapolas de California naranjas, dimorfotecas púrpuras o alegrías de la casa de color blanco puro, colocado para indicar el final de un muro o una escalinata.

PROTECCIÓN ACRISTALADA

Las estructuras acristaladas como los invernaderos o las galerías desdibujan la frontera entre el jardín al aire libre y el

Las vivaces de hoja como las hostas, los acantos y los innumerables tipos de gramíneas pueden distribuirse en macetas del tamaño apropiado para poblar rápidamente un patio y atenuar sus límites.

Las plantas ornamentales sensibles al frío, como los geranios, los zapatitos de Venus o las fucsias, pueden pasar el invierno con cuidados mínimos: basta con limpiar o enjuagar las macetas hasta que estén limpias, asegurarse de que no estén afectadas por plagas o enfermedades y colocarlas en un emplazamiento luminoso a resguardo de las heladas. Las llamadas «plantas resistentes a las heladas» agradecen igualmente estar a cubierto en las regiones más frías o cuando son jóvenes, por ejemplo, los pitosporos, los cipreses mediterráneos, *Magnolia virginiana* o los agapantos. Las cubiertas acristaladas también son el lugar idóneo para potenciar el crecimiento temprano de plantas ornamentales perennes sensibles al frío, como los coleos, las alegrías de la casa, las nemesias o las petunias, para que proporcionen nuevos tallos de los que obtener esquejes a finales de invierno y principios de primavera.

Los estilos y los diseños de los recipientes de las plantas que permanecen todo el año en el exterior resultan igualmente útiles y atractivos para las plantas que se hallan al resguardo en estancias acristaladas:

- macetas vitrificadas y de terracota para clivias, estrelitzias, helechos arbóreos, grevilleas o limpiatubos (*Callistemon*)
- tinas y cajones para trepadoras como plumbagos, *Streptosolen* y buganvillas
- cestas colgantes de madera y alambre para orquídeas, columneas, *Epiphyllum* y cintas
- cuencos para bulbos como laquenalias, aquimenes, amarilis o fresias.

mundo de las plantas de interior. Esta dualidad ha servido tradicionalmente para convertirlos en santuarios de las plantas sensibles al frío durante la época de heladas; por ejemplo, los limoneros y los naranjos en los clásicos invernaderos para cítricos o bien las dalias y los crisantemos en «residencias invernales» para su reposo en época de letargo. En cualquier caso, el tránsito se produce en las dos direcciones, ya que a muchas plantas tropicales de invernadero les gusta pasar unas vacaciones estivales al aire libre, mientras que frutales delicados como los melocotoneros o los naranjos chinos fructifican mejor si los brotes y tallos tienen la oportunidad de recibir luz solar.

CÓMO ELEGIR
las PLANTAS

A menudo, los centros y las guías de jardinería ofrecen un repertorio limitado de plantas bajo el encabezamiento de «plantas para recipientes». Normalmente se trata de plantas conocidas, fiables y vistosas, que se cultivan como plantas ornamentales de temporada y después se desechan. Sin embargo, una maceta vacía invita a la creatividad e incluso a la transgresión más que a la cómoda conformidad, y los tipos de plantas que pueden cultivarse con éxito en recipientes, en solitario o formando composiciones, son casi ilimitados. Todo lo que se necesita es confianza para convertir una oportunidad en un logro.

ANALIZAR LAS DISTINTAS OPCIONES

La cantidad de plantas que pueden prosperar en los límites impuestos por las macetas es tan amplia que tener que discriminarlas o elegir entre ellas puede parecer una ardua tarea; al fin y al cabo, un exceso de opciones es tan desalentador como su defecto.

Lo primero es decidir si el recipiente (*véase* capítulo 1) o su ubicación (*véase* capítulo 2) son factores limitantes, ya que ello obligará a descartar de inmediato distintos tipos de plantas inadecuadas al no poder disponer del espacio, la luz solar o los cuidados suficientes. Además, la forma o el hábito de la planta pueden ser inapropiados para el recipiente, mientras que la ubicación deseada podría no ser adecuada para la forma de crecimiento.

También podría suceder que le agradara especialmente una planta concreta hasta el punto de adquirir un recipiente adecuado y, si la situación lo requiere, realizar todas las modificaciones en el entorno o el mantenimiento necesarios para que se desarrollara adecuadamente. Las plantas se adaptan bien: las de gran tamaño normalmente suelen podarse hasta alcanzar el tamaño adecuado, mientras que limitar las raíces controla hasta cierto punto el crecimiento vigoroso. La disponibilidad de variedades de características especiales, como crecimiento lento, enanismo o mayor tolerancia a las condiciones ambientales, como la exposición al viento o a las heladas, también le ayudará a encontrar lo que más se ajusta a sus objetivos.

AGRUPAR LAS PLANTAS

Una maceta puede ser un lugar donde cultivar una planta especialmente llamativa o diferente para exhibirla en solitario

Tradicionalmente, los cítricos han florecido y fructificado bien en grandes macetas como éstas, que ocupan un lugar predominante en este jardín de estilo clásico; en el extremo opuesto, una colección informal de tiestos y recipientes variados puede dar lugar a un completo jardín de villa.

Adquirir plantas

- Los grandes especímenes pueden adquirirse ya establecidos en recipientes. Suelen ser caros y difíciles de manipular, pero el efecto visual es inmediato.
- Las cestas colgantes preparadas con antelación y comercializadas ya en flor son apreciadas y también tienen efectos inmediatos.
- Muchos amantes de la jardinería prefieren empezar con plantas muy pequeñas, y, o bien irlas trasplantando periódicamente como especímenes, o bien integrarlas en otros recipientes para crear una composición mayor.
- Las plantas en alvéolos (se venden en bandejas) son económicas y son las que mejor se adaptan a las cestas colgantes, a las bolsitas de cultivo o a las macetas en forma de torre (o para fresas), pero necesitan varias semanas de crecimiento para adquirir cierta vistosidad.
- Vale la pena buscar ejemplares de plantas vivaces con un crecimiento excesivo o en oferta al final de la temporada, ya que muchas veces es posible dividir las plantas y obtener varias de ellas por muy poco dinero.

como espécimen, pero también existe la posibilidad de agrupar varias plantas compatibles y crear un jardín en miniatura, ya sea en recipientes individuales o formando un conjunto de macetas colocadas en un recipiente mayor para crear una composición de temporada o permanente. La importancia del aspecto global puede depender de las plantas elegidas. La productividad normalmente es un rasgo más prioritario que el aspecto en una tina plantada con hortalizas, por ejemplo, mientras que el impacto visual puede ser crucial para el éxito de un jardín de flores estivales en un patio. Experimente con la ubicación de las

macetas para considerar la mejor opción y el mejor equilibrio entre ellas antes de trasplantarlas a recipientes de mayor tamaño.

Para que la distribución sea más flexible, mantenga las plantas individuales en sus macetas y simplemente aproxímelas (como observará, los recipientes cuadrados encajan mejor entre sí que los redondos). La alternativa es introducir las macetas hasta el borde en un recipiente de mayor tamaño, ya sea para rellenar huecos entre las plantas vivaces establecidas o para crear un conjunto vistoso y a la vez flexible. Si desea disfrutar de una

Pierda el miedo a mezclar plantas de hábitos distintos, aunque complementarios, como en esta composición en la que plantas de temporada como geranios, fucsias o abutilones compiten con herbáceas, hiedra, suculentas y clematis anuales en un estallido de flores y follaje.

explosión de color sin apenas esfuerzo, siembre una mezcla de semillas de plantas de flor directamente en el recipiente; espárzalas por encima de, por ejemplo, bulbos plantados con anterioridad que vayan a florecer hacia finales de temporada. Las mezclas de plantas anuales, por colores si desea que el efecto visual sea monocromo, las gramíneas anuales y los surtidos de flores silvestres resultan adecuadas y no producen especiales problemas. Puede utilizar distintos recipientes para experimentar con semillas poco conocidas o habituales. O, por qué no, plantar un esqueje de planta ornamental o alguna semilla de vivaz traída de algún viaje al extranjero…

Exposición de colecciones

Si colecciona algún tipo de planta, plantéese crear una exposición conjunta a modo de composición formada por varios estantes que pueda colocar directamente en el suelo o bien sujetar a una pared; por ejemplo, una «escalerilla» de madera constituiría una plataforma improvisada estupenda. Si se trata de plantas alpinas, prímulas aurículas, cactus u otros tipos sensibles a la lluvia, diseñe un recipiente abierto por la parte anterior. Si se trata de violas, tomillos o bonsáis, la composición podrá dejarse abierta a los elementos. Asegúrese de que todas las plantas situadas en los bordes reciban la cantidad de luz adecuada; para ello, gire el recipiente de vez en cuando.

RECIPIENTES DE TEMPORADA

Para muchos aficionados a la jardinería, la organización de los recipientes se basa, principalmente, en plantas ornamentales trasplantadas cuando son jóvenes y que tienen hojas (o, en el caso de los bulbos, cuando todavía están en estado de latencia). Aunque estas plantas podrían ser anuales, bulbos o vivaces sensibles o resistentes a las heladas, según este sistema sólo se exhibirían una temporada, mientras están en flor o mientras conservan las hojas, si se trata de plantas frondosas, y después se desecharían para volver a trasplantar una nueva tanda. Las cestas colgantes, las jardineras y los recipientes que se pueden colgar de la pared son los contenedores favoritos de las plantas ornamentales de temporada, ya sean compactas o colgantes.

Las plantas elegidas pueden pertenecer a una única variedad, a diversas variedades o al mismo género (especialmente si se busca un colorido variado) o, como suele hacerse a menudo, puede tratarse de un conjunto ambicioso que agrupe plantas de distintas alturas y hábitos de crecimiento para crear una composición equilibrada y a la vez contrastada.

La fórmula tradicional estival de distintas ornamentales mezcladas se construye alrededor de una o varias plantas centrales variegadas, por ejemplo, cannas, *Abutilon pictum* «Thompsonii» o una fucsia convencional, un anillo perimetral de plantas colgantes como siemprevivas, glecomas, gitanillas o prolíficas petunias y un espacio central de plantas de flor compactas, elegidas por su facilidad y abundante floración, desde ageratos a zinias. A principios de otoño, las plantas anuales se desechan (también las vivaces, a menos que vayan a pasar el invierno en el

interior) para que ocupe su lugar una composición otoñal, invernal o primaveral.

Para facilitar al máximo el proceso, rellene el recipiente inmediatamente con bulbos, prímulas, nomeolvides, alhelíes, margaritas de los prados y otras flores primaverales. Si desea que el colorido aparezca antes, puede sustituir o mezclar entre las plantas ornamentales

Otras composiciones de temporada

- Gramíneas: para que el colorido se manifieste en verano y otoño, siembre una mezcla de plantas anuales o una selección de vivaces como *Carex rubra*, *Milium effusum* «Aureum», *Festuca glauca*, *Hakonechloa* y *Helictotrichon*, quizá con un miscantus como pieza central.
- Año nuevo: combine arbustos perennifolios con hiedras plateadas en un combinado festivo adornado con ramas podadas de algún arbusto vistoso o simplemente palitos pintados de blanco engalanados con lucecitas o velas de exterior para componer un capricho navideño.
- Exuberancia tropical: saque las plantas de interior durante el verano; para que mantengan la humedad, hunda las macetas en recipientes de mayor tamaño. A los papiros (*Cyperus*), *Monstera*, *Ficus* y caladios les encantan los entornos sombreados cálidos y se complementan a la perfección con los lirios de flor o con *Gloriosa superba*. Los cactus de interior pueden agruparse también para unas vacaciones estivales en el exterior y constituyen excelentes plantas ornamentales resistentes a la sequía.

Los árboles y arbustos, como éstos, perfectamente podados en forma cónica, crecen en el generoso volumen de estas jardineras profundas. Adorne la superficie de la tierra cada año y pódelos regularmente para potenciar las líneas definidas del recipiente.

estivales especies otoñales como crisantemos, heuqueras, *Ceratostigma*, anémonas japonesas, *Rudbeckia* o tumbergias. En las composiciones invernales son ideales los ciclámenes enanos, las hiedras colgantes, plantas de la moneda rastreras (*Lysimachia*) y arbustos como los acebos abigarrados, *Viburnum davidii* o la plateada *Convolvulus cneorum*; todas ellas iluminarán los atardeceres invernales.

PLANTAS VIVACES

La mayoría de las composiciones ornamentales estivales utilizan plantas vivaces sensibles al frío, como los geranios o las fucsias (aunque normalmente se tratan como anuales), pero las plantas anuales resistentes al frío prosperan igualmente bien en macetas e incluso se benefician de tener las raíces constreñidas, ya que limitan el crecimiento de especies potencialmente invasivas como *Houttuynia*, vincas, lamiums o crocosmias.

Una única especie como la hosta, la alquemila o la hortensia puede resultar ideal en macetas si sus hojas son lo suficientemente ornamentales para mantener el interés cuando ya no haya flores. Una alternativa es integrarlas en composiciones de grandes proporciones o mixtas, para formar un tapiz verde o para contrastar su textura con la de otras flores.

Si se cultivan permanentemente en recipientes, las vivaces necesitarán una poda o una limpieza anual para retirar los brotes agotados o mantener la estructura

ornamental. A ello hay que sumar la disposición de una capa protectora superficial en primavera (*véase* pág. 97) y, posiblemente, abono complementario una o dos veces durante el verano. Saque las plantas vivaces más vigorosas cuando se muestren agotadas en las macetas (cada tres o cuatro años, aproximadamente) y divida las matas para obtener plantas jóvenes y resistentes (trasplántelas a recipientes con tierra fresca).

Entre las vivaces atractivas y de fáciles cuidados destacan los acantos, las aguileñas, *Dicentra*, *Doronicum*, *Hemerocalis*, las pulmonarias y *Stachys*. En el caso de los arbustos, los bambúes, las budleyas, las camelias, *Choisya*, las drácenas, los eleagnos, los boneteros, las verónicas, los hipéricos, las lavandas, *Pieris*, los groselleros, las santolinas, las esquimias, las veigelas o las yucas.

ÁRBOLES DE IMPACTO

Cultivar un árbol en un recipiente puede parecer un reto imposible, pero pocas especies son tan exigentes como imagina, siempre y cuando dispongan de un contenedor estable, que drene bien y que sea lo suficientemente grande para permitir un crecimiento saludable y sin obstáculos. Cuando el árbol haya crecido tanto que ya no sea posible seguir trasplantándolo, simplemente añada una capa superficial de sustrato fresco cada año en primavera (*véase* pág. 97) y pode la copa para reducir su tamaño o la sombra que proyecta, así como para conservar una forma atractiva; al fin y al cabo, un árbol será la planta más grande de la colección, e inmediatamente atraerá las miradas de los visitantes, por lo que su aspecto es un elemento crucial.

Incluso a las especies de árboles de crecimiento rápido, como el abedul o el acebo, se les puede inducir un

Las plantas de hojas atractivas o extrañas, por ejemplo los helechos y las hostas (derecha) o los pandanos, de hojas puntiagudas (en la página siguiente), lucen estupendamente en los recipientes más modernos, ya sean recipientes cúbicos pintados de vivos colores, cubos tradicionales o depósitos de gran tamaño.

crecimiento lento para que alegren la vista durante años simplemente con la reducción del espacio y el alimento disponibles. Si observa cualquier bosque verá que en él viven pequeños árboles muy viejos que simplemente esperan que se abra un claro en la bóveda del bosque que les permita reiniciar el crecimiento. Los bonsáis (una palabra que significa literalmente «plantados en un recipiente pequeño») son una versión extrema de este fenómeno, un arte que detiene el crecimiento incluso de árboles del bosque de tamaños descomunales y que limita el desarrollo radicular. Los tradicionales diseños tortuosos de los bonsáis son fruto del hombre, por lo que un árbol que crezca en una tina o en un recipiente de gran tamaño tendrá un aspecto normal, aunque a pequeña escala.

Elija los árboles por su personalidad y su aspecto característico. Podría decantarse por una conífera que

Árboles fáciles de cultivar en macetas

Abies koreana, arce japonés (*Acer palmatum*), abedules (*Betula*), *Caragana arborescens* «Pendula», *Cornus controversa* «Variegata», *Gleditsia triacanthos*, cedros japoneses (*Cryptomeria*), *Larix kaempferi*, manzanos silvestres (*Malus*), *Pinus densiflora*, *Prunus incisa*, *Rhus typhina*, serbales (*Sorbus*), *Taxus baccata* «Fastigiata».

con su característico hábito perenne contribuyese al paisaje invernal o que podría podar para conferirle una forma artística. También podría tratarse de una especie caducifolia que marcara el paso de las estaciones con los brotes o con los atractivos colores de los frutos o las hojas en otoño. Explore distintos cultivares, por ejemplo, de crecimiento rastrero, para los laterales, de ramas péndulas para aprovechar su porte gracioso o de forma ahusada para conseguir gran impacto en un espacio reducido.

PLANTAS TREPADORAS EN MACETAS

Al igual que los árboles, las trepadoras en recipientes aportan una valiosa verticalidad, además de presencia, a los jardines. Las más vigorosas necesitan recipientes considerablemente grandes para que las raíces tengan espacio suficiente, para poder sustentar un crecimiento apical frondoso y extenso, así como para espaciar al máximo los intervalos entre trasplantes o abonados superficiales (se recomienda alterar lo menos posible los recipientes que contienen plantas tutoradas). Una glicina, por ejemplo, necesita un recipiente con una profundidad mínima de 60 centímetros y lo suficientemente ancho para decorar el muro de la casa con dos o tres niveles de ramas saludables capaces de florecer.

Las trepadoras pueden crecer como estrellas en solitario o constituir el tema central de un gran recipiente con diversas plantas. Tienen una ventaja estructural evidente, ya que pueden formar pantallas, ocultar la vista o convertirse en un muro o una verja vegetal. Si están alejadas de las estructuras existentes necesitarán soportes o tutores resistentes, como estacas, varillas metálicas en espiral, trípodes, cilindros de brezo o sauce o mallas. Las especies

que se enroscan o sujetan por medio de zarcillos (clematis, campanillas, judías verdes o guisantes, por ejemplo) pueden dejarse libres, ya que hallarán su propio apoyo. Otras, sin embargo, han evolucionado hasta trepar apoyándose en las plantas vecinas, de modo que las rosas trepadoras, los frambuesos japoneses o los jazmines necesitan sujetarse firmemente a intervalos si crecen lejos de plantas que les sirvan de soporte.

Para cultivar una trepadora junto a una estructura erguida, como el pilar de una pérgola o el muro de una casa, lo primero que debe hacer es colocar una espaldera, una rejilla o una serie de alambres bien tensados para ayudar a ganar altura a las plantas que se enroscan o que trepan. Otras plantas trepadoras más independientes, como la viña virgen, la hiedra o *Hydrangea petiolaris*, encuentran puntos de apoyo en la superficie por sí solas a través de raíces aéreas o ventosas y no necesitan apenas intervención humana, pero recuerde que podrían ser muy difíciles (o imposibles) de separar y volver a anclar a la superficie si, por ejemplo, necesita pintarla, o en caso de trasplante. Si las planta junto a un muro, coloque la trepadora en la parte posterior del recipiente y plante en la parte anterior especies vivaces más bajas de temporada.

Muchos arbustos se comportan como si fuesen trepadoras cuando crecen junto a una superficie vertical: algunos muy vigorosos, como *Cotoneaster horizontalis* o *Euonymus fortunei* «Emerald 'n' Gold», incluso podrían sobrepasar la altura de las puertas situadas a nivel de suelo o las ventanas, si se guían con alambres.

BULBOS Y RIZOMAS

Un bulbo es como un *kit* completo de hojas y flores en estado latente que espera protegido y cómodo a que se produzcan las condiciones ideales para activar su crecimiento. Los hay de distintos tipos: los bulbos verdaderos, como los narcisos, los lirios y los tulipanes; los cormos (crocus, fresias, gladiolos), los tubérculos (anémonas y ciclámenes), los rizomas (agapantos, cannas) y las raíces tuberosas (alstroemerias y dalias).

Todos ellos ofrecen un comportamiento predecible la primera temporada tras la plantación en macetas y, si reciben el fertilizante adecuado después de la floración, seguirán siendo atractivos e incluso se multiplicarán en los años venideros. Si sólo van a permanecer en la maceta una

La versátil hiedra

No subestime la hiedra (*Hedera* sp.), una planta de fácil mantenimiento, de ahí su popularidad. Existen cientos de cultivares con vistosos bordes en las hojas o atractivas formas, desde algunas grandes y robustas como «Buttercup» o «Glacier» a delicadas miniaturas de apretadas hojas que lentamente se acaban convirtiendo en densas guirnaldas de exquisito follaje, como «Melanie» o «Prof. Friedrich Tobler», por ejemplo. Utilice las hiedras de crecimiento rápido para cubrir superficies y crear pantallas, las de hojas pequeñas como trepadoras o para formar tapices vegetales en el suelo bajo plantas altas o para que se sujeten a estructuras de alambre y creen formas ornamentales. Las más vigorosas permiten crear impresionantes formas arbóreas tras unos 4-6 años de tutorado si se ata el brote principal a una caña erecta y se desmochan periódicamente a una altura de entre 60 y 90 centímetros para potenciar la formación de una «copa» frondosa.

Saque el máximo partido a los colores. Muchas veces, los aficionados a la jardinería distribuyen alegremente las flores más vistosas por el jardín, pero se limitan a utilizar recipientes simples y tristes cuando podrían elegir otros que aportasen su propio colorido. En este caso, las macetas naranja vivo comparten escenario con tulipanes de color rojo intenso y margaritas de los prados.

temporada, no es necesario enterrarlos ni en un jardín ni en la tierra.

Dado que la mayoría de bulbosas presentan una inflorescencia concentrada y hojas bastante sobrias el resto del tiempo, son plantas ideales para el cultivo en recipientes, que se pueden trasladar al «escenario principal» para su exhibición cuando se encuentran en su máximo apogeo y retirarse a los laterales a medida que se marchiten.

Los bulbos de floración primaveral son especialmente apreciados, ya que anuncian el esperado inicio de la nueva temporada en la mayoría de jardines. Entre los bulbos tempranos adecuados para macetas destacan los crocus, los ciclámenes (en especial *C. coum*), los acónitos de invierno y las campanillas de invierno. Para prolongar el esplendor de la floración, plante los bulbos en recipientes grandes por encima de una capa de bulbos de floración más tardía como narcisos, escilas, jacintos, campanillas o tulipanes (*véase* recuadro).

Más composiciones con bulbos

- Experimente con distintos tipos de bulbos estivales, que pueden crecer en solitario o bajo las plantas ornamentales de verano para que las hojas queden ocultas al marchitarse. Algunos de ellos son perennes y resistentes a las heladas (*Erythronium* y *Galtonia*) y se complementan bien con otras plantas como, por ejemplo,

Sólo media docena de bulbos de una variedad concreta puede dar lugar a un despliegue de gran belleza. Cuando crecen en recipientes con la tierra limitada, los bulbos necesitan riegos y abonos frecuentes tras la floración hasta que las hojas hayan caído.

el agapanto, *Nerine* y *Schizostylis*, que prefieren crecer en solitario en los recipientes. Otros bulbos son sensibles al frío y necesitan desenterrarse cada otoño para pasar el invierno a cubierto, por ejemplo, las alegres ixias, los gladiolos, las esparaxis y las tigridias.

- Los lirios (azucenas) combinan un crecimiento majestuoso, un perfume embriagador y una forma extravagante con una fiabilidad y unos cuidados poco exigentes. Algunos de ellos, como *Lilium auratum*, forman raíces alargadas, por lo que agradecen los recipientes profundos. Todos se resienten si quedan encharcados y deberían secarse por completo entre riego y riego. Adquiera unos cuantos bulbos de plantas de gran tamaño cada año, deje que florezcan en macetas y posteriormente plántelos en el exterior, en recipientes que no utilice, para que se vayan aclimatando al jardín.

- Los bulbos enanos y alpinos, como los narcisos en miniatura, los crocus (menos frecuentes) y determinados ciclámenes, crecen mejor en recipientes poco profundos con una capa de drenaje considerable, cubiertos por una capa de tierra (no sustrato hidropónico) y una fina capa de arena o arena silícea. Hunda las bandejas en una cajonera fría o un bancal elevado que pueda protegerse con alguna estructura a modo de paramento para proteger los bulbos mientras permanezcan latentes; otra alternativa es conservarlos simplemente en un lugar seco y frío, como un cobertizo, donde permanecerán a salvo de la humedad y las alimañas.

La profundidad de plantación varía en función del tamaño del bulbo latente; elija los recipientes según las diferencias de tamaño. Los bulbos de narciso, por ejemplo, necesitan bastante más espacio que los diminutos *Iris reticulata*.

PLANTAS EN BANDEJAS

Si bien los grandes recipientes se utilizan principalmente para albergar plantas con raíces profundas, como los árboles, los arbustos, las hortalizas y vigorosas plantas vivaces, muchas de las plantas de menor tamaño crecen y resultan ideales en recipientes menos profundos. Su menor volumen de tierra los hace apropiados también para plantas alpinas, de rocalla, bulbos enanos y otras plantas de raíces superficiales que podrían pudrirse fácilmente en condiciones más generosas.

Los medios tiestos, las bandejas y los cuencos con un área muy superior a su profundidad son adecuados para crear minijardines alpinos. Es necesario elevarlos del suelo para garantizar un buen drenaje y evitar plagas como las orugas, además de para tenerlos más a la vista y poder observarlos mejor. Adapte el sustrato al tipo de planta, sobre todo en el caso de las alpinas y de rocalla, que prefieren abundante material de drenaje y tierra (no sustrato hidropónico), reforzada con un 25 % de arena.

Plantaciones múltiples

Para que la exhibición floral sea impresionante, plante los bulbos en dos o tres capas, una sobre la otra y separadas por capas de tierra poco profundas que apenas cubran los extremos de los bulbos situados debajo. Si elije una única variedad, puede llenar el recipiente; también puede plantar especies resistentes, como los tulipanes, en la capa más profunda y acabar con bulbos más pequeños, como los crocus, que prefieren menos profundidad.

Algunas ideas de plantaciones

- las colecciones de un único género de plantaciones, como *Sempervivum*, *Echeveria*, *Androsace*, *Sedum* o *Saxifraga*, crecen adecuadamente en una pila con la superficie recubierta de grava
- las plantas tapizantes, como las clavellinas alpinas, las armerias y los tomillos, crean paisajes de verdes penachos y montículos
- las bandejas de sustrato hidropónico, sin cal, mezcladas a partes iguales con poso de café y hojas de té (que son ácidas de manera natural), sirven para cultivar musgos y plantas carnívoras de los pantanos
- los cuencos de bulbos en miniatura de especies como crocus, ciclámenes, *Sisyrinchium* e iris y narcisos enanos pueden introducirse en casa durante la floración
- las bandejas de coníferas enanas, como *Juniperus communis* «Compressa» y pequeños arbustos, como *Genista pulchella* o *Salix reticulata*, son ideales para recrear un paisaje montañoso en miniatura.

PLANTAS ACUÁTICAS

La mayoría de las plantas que viven en estanques y zonas pantanosas se adaptan sin problemas al cultivo en macetas, siempre que el sustrato y el drenaje se adapten a las necesidades específicas de su estilo de vida tan especializado. Comparten la necesidad de que las raíces reciban la humedad suficiente para el tipo de planta.

Plantas acuáticas profundas Los lirios de agua, *Orontium*, las pontederias y otras acuáticas similares necesitan profundidades de 15 centímetros o más para poder enraizar sin problema en el suelo, aunque también pueden crecer en cestas abiertas de sustrato especial (*véase* recuadro).

Incluso el recipiente impermeable más pequeño sirve para crear una bonita composición acuática que complacerá del mismo modo al jardinero y a los animalitos y será una sorpresa para las visitas si se coloca en un lugar secundario no visible a primera vista.

Plantas flotantes Se trata de especies que viven en la superficie del agua, por ejemplo, algunas sensibles al frío, como la lechuga de agua (*Pistia stratiotes*), que forma bonitos rosetones de aterciopeladas hojas, o bien plantas más resistentes al frío, como los mordiscos de rana (*Hydrocharis*) y unas curiosas carnívoras, las utricularias. Se utilizan para decorar la superficie de cuencos, bandejas y recipientes de sobremesa llenos de agua.

Plantas de los marjales Suelen vivir en aguas superficiales o enraizar en terrenos pantanosos. Pueden plantarse como una planta cualquiera, pero el sustrato deberá permanecer húmedo gracias a un plato lleno de agua situado debajo del recipiente. Este gran grupo incluye especies como la hierba centella (*Caltha palustris*), la saeta de agua (*Sagittaria*) y una planta de hojas variegadas, el acoro (*Acorus calamus* «Variegata»). La gunnera (*Gunnera manicata*) tiene un aspecto espléndido y sorprendente cuando crece en grandes recipientes llamativos.

Plantas de cenagales Este grupo de plantas terrestres requiere una humedad constante, pero no siempre sustratos anegados. Los grandes recipientes conservan la humedad durante más tiempo. Asegúrese de que los recipientes tienen orificios de drenaje, aunque puede prescindir de la capa habitual de material drenante si el sustrato hidropónico se complementa con un poco de hidrogel. Son muy numerosas, y entre ellas se encuentran muchas plantas de jardín conocidas como *Astilbe*, *Hemerocallis*, *Houttuynia* y *Rodgersia*.

RECIPIENTES DESPENSA

No hay por qué limitar las macetas al cultivo de flores; son muchos los amantes de la jardinería que consiguen cultivar con éxito plantas comestibles en todo tipo de recipientes, desde cestas y jardineras a sacos de patatas profundos, bidones o grandes cajones de madera para frutales y hortalizas de raíz. La mayoría de las plantas comestibles requieren un poco más de atención que las ornamentales, ya que la calidad o la sincronización pueden constituir aspectos importantes.

Un estanque en un recipiente

Para que las plantas acuáticas se encuentren como en casa puede colocarlas en un recipiente impermeable, por ejemplo, una bandeja o una cazuela vitrificada, de un diámetro mínimo de 45 centímetros; también serviría medio barril con el interior forrado de plástico para impermeabilizar piscinas en caso de que las duelas vayan a dejar escapar agua. Introduzca las plantas en cestas para plantas acuáticas perforadas, llenas de sustrato y sumérjalas sobre ladrillos o macetas vueltas del revés a la profundidad que más le convenga a cada una. Si quiere deleitarse con el agua en movimiento, puede hacer flotar una fuente de burbujas de alimentación solar sobre la superficie y cultivar en los alrededores plantas propias de márgenes, resistentes a las salpicaduras, como plantas de la moneda rastreras (*Lysimachia*), mímulos o nabo del diablo (*Oenanthe*). Añada alguna planta oxigenadora como *Fontinalis* o *Eleocharis* para que el agua se mantenga más clara.

Hortalizas

La mayoría son fáciles de cultivar en macetas, tinas, jardineras e incluso en cestas colgantes, siempre que dispongan del volumen de sustrato adecuado para completar su ciclo vital sin que las raíces agoten el espacio disponible. Por tanto, es vital que la planta y el recipiente sean homogéneos. La hierba de Santa Bárbara (*Barbarea vulgaris*) y los tomates cherry crecen sin problemas en cestas colgantes, aunque las raíces estén relativamente limitadas, mientras que los vigorosos calabacines para crecer bien necesitan unos 40 litros de sustrato por mata, en un recipiente de, como mínimo, 30 centímetros de profundidad.

Para un menor coste, elija el recipiente de mayor tamaño para destinarlo al cultivo de plantas culinarias. Plante en él una o dos matas muy exigentes en recursos y voluminosas, o bien convierta el recipiente en un jardín comestible en miniatura; para ello, plante algunas matas de judía trepadora o maíz dulce en el centro, que podría rodear de plantas más bajas, como acelgas y rúculas, junto con lobelias trepadoras, tagetes para alejar a posibles plagas de insectos y flores comestibles como caléndulas, pensamientos o capuchinas.

Aprovéchese de la movilidad de los contenedores para ubicarlos donde reciban la cantidad justa de sol y calor. A las hortalizas que dan fruto en verano, como los tomates, los pimientos o las berenjenas, les encantan los emplazamientos soleados, mientras que otras interesantes por las hojas, como las espinacas, las lechugas o las lechugas del minero (*Claytonia*), prefieren el frescor de la sombra en el momento álgido del verano. Si dispone de espacio suficiente, encuentre un hueco en el jardín donde habilitar una cajonera fría o semillero donde pueda realizar siembras de continuación en bandejas compartimentadas o pequeñas macetas con las que sustituir las que vaya recogiendo del recipiente.

Elija cuidadosamente las variedades y céntrese en las enanas o compactas, que no sólo ocupan menos espacio, sino que requieren menos agua; puede que la cosecha sea inferior, pero los cuidados no son tan exigentes. Una precaución adicional sería elegir variedades inmunes, tolerantes o resistentes (a veces indicadas como «ideales para huertos orgánicos») para no estar tan pendiente de las plagas y enfermedades. Coseche las hortalizas cuando todavía sean jóvenes y tiernas y sustitúyalas rápidamente por la siguiente tanda de plántulas; ubíquelas a pleno sol a principios y finales de temporada para prolongar la cosecha.

Plantas aromáticas

La mayoría de las plantas culinarias más comunes son excelentes plantas para recipientes, de modo que puede aprovechar la ocasión y colocarlas cerca de una puerta o ventana para hacer más sencilla la recolección. Plante dos o tres macetas de cada una de sus plantas predilectas y utilícelas en rotación, para cosechar unas mientras las otras se recuperan y forman brotes que cosechará más adelante.

Los requisitos son simples, porque pocas plantas aromáticas son ávidas o exigentes. La mayoría prefiere el sol, un sustrato moderadamente fértil y buen drenaje; sólo las más vigorosas necesitan grandes recipientes. La mayoría crece bien en macetas de 15-20 centímetros, aunque también puede reunir a varias de ellas en un único recipiente: una mezcla de plantas útiles en una pila o artesa para crear un pequeño jardín de aromáticas o quizá diversas variedades de una misma planta, como el tomillo o mejorana, en una maceta elevada para fresas o en una

Los tomates prefieren disfrutar de un amplio espacio para las raíces, como en el recipiente profundo de la fotografía, aunque saben mejor si se limita la cantidad de abono, de modo que elimine el exceso de nitrógeno; plántelos junto a plantas de hoja como las ensaladas o el perejil.

Cultivos especiales

Algunas verduras y hortalizas responden especialmente bien al cultivo en recipientes.

- Cultivar zanahorias en grandes bidones de, como mínimo, 60 centímetros de altura puede protegerlas frente a las moscas de la zanahoria, que vuelan a una altura menor cuando buscan dónde poner los huevos.
- Conserve tubérculos de una cosecha anterior (o adquiera los que están preparados para tal fin) y plántelos a finales de verano en grandes cubos o tinas llenos hasta la mitad con una mezcla de tierra de jardín y sustrato comprado y vaya añadiendo más para cubrir los brotes a medida que crezcan. Coseche los tubérculos a finales de otoño o séquelos a cubierto hasta Navidad para disfrutar de un improvisado suministro.
- Las jardineras más profundas constituyen un buen lugar para cultivar espárragos, que aprecian la textura fácilmente desmenuzable y el adecuado drenaje de la tierra para macetas; si los cultiva en recipientes de arcilla, deberá tener en cuenta estos factores. Deje de cortar los tallos cuando los días empiecen a acortarse y, a partir de entonces, disfrute del espectáculo que supone el despliegue de las frondas durante el resto de la temporada (también puede cortarlas y colocarlas en jarrones como adorno).

jardinera. Algunas aromáticas como la menta o el estragón deben cultivarse en macetas independientes para limitar el crecimiento radicular, que acabaría invadiendo un área de terreno cada vez mayor.

Para obtener los mejores resultados, elija variedades que combinen un buen sabor y un aspecto atractivo; muchas especies desarrollan formas variegadas de bonitos tonos dorados, plateados, rojizos o manchas de color crema sobre un fondo oscuro. Elija recipientes de formas y materiales apropiados a la altura de su elegancia. Añada 1 parte de arena silícea a 4 partes de sustrato para crear una mezcla con buen drenaje para todas las aromáticas, excepto las de hojas más grandes, como el perejil, la angélica o el ligústico, que prefieren entornos frescos y húmedos y zonas en semisombra. Las demás aromáticas pueden ubicarse a pleno sol.

Coseche regularmente y pince las puntas de los brotes más tiernos para estimular la formación de nuevas ramas, que podrá secar y conservar si no las necesita de inmediato. Recolecte la cosecha en fresco de las plantas anuales o bianuales (albahaca, perifollo, eneldo o perejil, por ejemplo) cada primavera y renueve las perennes, como la salvia o el tomillo, cada tres o cuatro años. Las aromáticas leñosas, como el romero, la lavanda y el laurel, pueden cultivarse en macetas hasta que estén establecidas, antes de pasarlas a recipientes mayores (de un diámetro mínimo de 45 centímetros), tras lo cual sólo requerirán una renovación de la capa superficial de sustrato o trasplantarse cada cierto número de años.

Frutales

Cultivar frutales en macetas constituye un arte antiguo que permitía a los jardineros profesionales exhibir sus

La higuera es uno de los frutales ornamentales que mejor crecen en macetas; incluso puede producir más higos cuando sus vigorosas raíces tienen limitado el espacio que cuando se extienden en todas las direcciones.

habilidades y su precisión a la hora de guiarlos o podarlos. Las mesas se decoraban con vides plantadas en recipientes llenos de racimos maduros y los manzanos o los perales en flor o con fruto servían para indicar los caminos.

Los métodos modernos han situado el cultivo de frutales en recipientes al alcance de cualquier jardinero, aunque algunas variedades siguen siendo complicadas: los perales tienden a ser demasiado grandes y vigorosos para tolerar la limitación de las raíces, las vides necesitan bastantes cuidados para evitar el exceso de hojas y la falta de fruto y los frambuesos tienen un mantenimiento difícil.

La mayoría de ellos requieren recipientes de, como mínimo, 38 centímetros de profundidad y prefieren la tierra a las mezclas de sustrato hidropónico. Los frutales más altos deberían injertarse en un patrón que limite su tamaño y ritmo de crecimiento: los manzanos funcionan bien con los portainjertos M27 o M9, los cerezos con los «Colt» o «Inmil» y los melocotoneros y ciruelos con los «Pixy». Excepto los melocotoneros, nectarinos y albaricoqueros genéticamente enanos, que crecen de forma natural formando pequeños arbustos, todos los frutales necesitan guiarse para reducir su crecimiento: los melocotoneros, los ciruelos y los cerezos como arbustos o en forma de palmeta o abanico contra los muros, los manzanos en forma ahusada (cordón) o de pirámide enana o bien como árboles frutales múltiples tras injertar distintos tipos en un mismo patrón. Un aspecto que deberá tener en cuenta es si la variedad elegida fructifica por sí sola (es decir, es autofértil) o bien

necesita variedades compatibles en las proximidades para que se produzca una polinización cruzada.

Los arbustos de bayas no presentan tantas complicaciones. Los groselleros espinosos y los rojos o blancos se desarrollan fácilmente hasta formar arbustos o adquirir un porte de «copa» baja (con un único tallo principal como si se tratara de un árbol) y producen frutos abundantes con sólo una sencilla poda anual.

Por otra parte, las higueras llegan a fructificar con mayor abundancia cuando crecen en recipientes, mientras que el ruibarbo crea frondosos despliegues de hojas de atractivas formas si se abona superficialmente con estiércol cada año.

La fruta más sabrosa y fácil de cultivar en recipientes es la fresa, capaz de prosperar en espacios muy reducidos y que puede cultivarse directamente en bolsas o en jardineras, cestas colgantes o macetas de sólo 15 centímetros de diámetro. Una maceta o torre especial para fresas permite cultivar varias matas en un espacio reducido; además, la fruta permanecerá lejos del contacto con el suelo.

Las variedades estivales se mantienen productivas sólo durante unas semanas, mientras que las de cuatro estaciones y las de tipo alpino producen brotes florales desde el verano hasta las primeras heladas.

Todas las plantas que fructifican necesitan un riego regular (tenga cuidado con los excesos) cuando están en flor, así como en fase de maduración; abono periódico y superficial anual, además de protección frente a los pájaros o las ardillas en la época en que la fruta madura. Las fresas se sustituyen cada tres años por matas nuevas o plántulas separadas de los estolones, que brotan en verano. En los demás casos, la fructificación se producirá de la forma habitual durante muchos años.

4

CUIDADO
de los
RECIPIENTES

La mayoría de plantas han evolucionado para
sobrevivir por sí solas en la naturaleza, donde las
raíces pueden crecer hacia el lugar donde deseen
en busca de los recursos naturales: alimento y
agua. Sin embargo, cuando se cultiva en una
maceta, la planta queda confinada a un espacio
muy reducido con recursos agotables y depende
de nosotros para su sustento. Aun así,
preocuparse por el bienestar de las plantas de
casa no es ni difícil ni exigente, y la mayoría
de los aficionados a la jardinería lo encuentran
tan irresistible como gratificante.

EL RECIPIENTE IMPORTA

Las plantas que crecen en macetas no pueden
prosperar durante mucho tiempo en una tierra normal, a
menos que tenga la suerte de disponer de un jardín fértil.
La mayoría de tierras no airean o drenan lo suficiente ni
contienen un suministro equilibrado de nutrientes, unas
deficiencias que se manifiestan con rapidez en las
condiciones artificiales y limitadoras de una maceta.
Por ello, es necesario utilizar sustratos especialmente
formulados (a los que muchas veces se hace referencia
con el nombre genérico de «tierra para trasplantes»),
desarrollados para proporcionar todos los nutrientes
necesarios para que la planta crezca de forma estable
y saludable. Como alternativa, puede mezclar su propio
sustrato, como han hecho los jardineros durante
generaciones (*véase* inferior).

Un buen sustrato para macetas debe cumplir los
siguientes requisitos:

- tener una estructura estable que retenga la humedad y,
  a la vez, estimule el drenaje del agua sobrante de forma
  segura
- una textura desmenuzable que posibilite la penetración
  de suficiente aire para que las raíces actúen de manera
  adecuada
- un suministro equilibrado de nutrientes en forma
  fácilmente asimilable por la planta
- estar libre de plagas y enfermedades del suelo
- tener un comportamiento constante, uniforme y predecible.

Cómo elaborar un sustrato propio

Si dispone de tierra, por ejemplo de un jardín, que se
desmenuza fácilmente, es agradable al tacto y drena bien,

podría utilizarla como base de un medio de cultivo casero.
Mezcle concienzudamente, y a partes iguales, tierra
tamizada, mantillo y compost maduro de jardín, con
la ayuda de las manos, si la cantidad es pequeña,
o con una pala si es más grande.

Si no dispone de mantillo o de compost, una solución
alternativa consiste en mezclar 3 partes de tierra tamizada,
2 partes de turba (consulte el recuadro de la página 86) y
1 parte de arena silícea. Una vez mezclados, añada, a cada
10 litros, 60 gramos de fertilizante universal (*véase* pág. 98),
más 15 gramos de cal para jardín, a menos que el suelo ya
sea calizo, y vuélvalo a mezclar todo bien.

Las plantas de temporada permiten sacar el máximo partido a los recipientes; la exhibición primaveral de tulipanes, pensamientos y alhelíes (página 80) puede sustituirse rápidamente por una colección de plantas ornamentales estivales, como los geranios (superior), que en la fotografía aparecen a la espera de su destino en uno de los estantes del invernadero.

semillas, esquejes o trasplantes, dependiendo de la proporción de sus componentes.

Los sustratos hidropónicos se secan con mayor facilidad y pueden ser difíciles de rehidratar si se mantienen secos durante bastante tiempo. Necesitan abono suplementario regular, son agradables al tacto, aunque a veces se descomponen (sobre todo si se compactan o si deja que se sequen) y pesan menos, excepto cuando están muy húmedos, lo que los convierte en una buena elección para las jardineras, las cestas colgantes y los recipientes destinados a balcones o terrazas. Normalmente se comercializan en fórmulas «universales» o «multiuso».

Existen algunos sustratos especiales en el mercado, por ejemplo:

- mezcla para ericáceas: una mezcla ácida para plantas que no soportan la cal, como los rododendros, las andrómedas, los brezos o los arándanos
- mezcla para cactáceas: porosa y arenosa, especial para cactus, suculentas, alpinas y otras plantas que necesitan suelos que drenen excepcionalmente bien
- mezcla para bulbos: fibrosa, normalmente con carbón vegetal añadido para mantener un buen medio de crecimiento, incluso si el recipiente no tiene orificios de drenaje.

Sea cual sea el tipo de sustrato que utilice, asegúrese de que presente una humedad uniforme, esté a una

Adquirir sustrato

Los sustratos comerciales suelen tomar como base la tierra o bien otros materiales distintos de ella (sustratos hidropónicos), en los que ésta se sustituye por turba o un material fibroso capaz de retener la humedad. Ambos sustratos tienen ventajas.

Las mezclas que contienen tierra se mantienen húmedas durante más tiempo y necesitan riegos menos frecuentes, contienen algunos elementos naturales, tienen una estructura parecida a la de la mejor tierra de jardín y pesan más, lo que resulta una ventaja en recipientes que requieren estabilidad. Están disponibles en distintas calidades: para

El problema de la turba

La turba es el resto descompuesto de musgos y otras plantas propias de tierras pantanosas, por lo que no es un recurso renovable. Su extracción continuada está destruyendo poco a poco hábitats excepcionales y frágiles de vida silvestre. Los sustratos que no utilizan turba contienen materiales sustitutivos, normalmente obtenidos a partir de distintos productos de desecho que a menudo tienen un comportamiento ligeramente distinto al de la turba, por lo que deberá utilizarlos con precaución hasta que esté familiarizado con su comportamiento. Existe un tipo de turba regenerada, extraída de depósitos naturales fluviales para impedir que el caudal quede bloqueado, que no es nociva para el medio ambiente. Uno de los mejores sustitutos de la turba es el mantillo, fácil de preparar en casa a partir de las hojas caídas en otoño, que se recogen y se dejan pudrir durante un año o dos dentro de un recipiente de malla o rejilla situado en el exterior. Si las cantidades son reducidas, este proceso puede realizarse en bolsas negras de plástico para contenedores previamente perforadas; allí, las hojas inmediatamente se descomponen, sobre todo si se mezclan con una pequeña cantidad de briznas de césped recién segado para acelerar la putrefacción.

Trasplantar plantas y proporcionarles los cuidados habituales son tareas agradables y relajantes, ideales para una tarde soleada. Si está impermeabilizado, medio barril lleno de agua a modo de estanque constituye un complemento rústico muy atractivo.

Aprovechamiento de sustratos viejos

El sustrato viejo, así como el que se ha recuperado después de trasplantar, es demasiado valioso para desecharlo, y podría reutilizarse de distintas maneras:

- Espárzalo sobre los semilleros o viveros exteriores para mejorar el drenaje y hacer que el sustrato que utiliza para las plantas más jóvenes sea más desmenuzable.
- Añádalo a la pila de compost para que aporte minerales e ingredientes fibrosos a la mezcla final.
- Utilícelo para rellenar la mitad inferior de recipientes de gran tamaño, por debajo de la zona de enraizamiento más inmediata, donde el sustrato fresco es imprescindible.
- Empléelo para rellenar los orificios de siembra, sobre todo si la tierra es pesada, drena mal o es pobre.

temperatura adecuada (no demasiado frío) y sea fresco: aprovechar los restos del año anterior puede salir caro, ya que los nutrientes que contiene para las plantas se deterioran con el paso del tiempo (*véase* recuadro). Cierre bien las bolsas cuando haya acabado para evitar que el sustrato se seque, así como para evitar que penetren las plagas, lombrices y semillas de plantas adventicias.

DRENAJE

Los sustratos anegados pueden dañar o inhibir el crecimiento radicular de la mayoría de plantas al impedir la entrada de aire y fomentar el encharcamiento, hecho que conlleva problemas de diversa índole. Para evitarlos, asegúrese de que todos los recipientes situados en el exterior dispongan de los orificios de drenaje suficientes en

Todos los materiales esenciales para cultivar con éxito un jardín en macetas se encuentran sobre la mesa: recipientes de todos los tamaños y capacidades, sustrato fresco a mano, sobre el banco de trabajo, mil y una semillas y un cuaderno, esencial para anotar el progreso.

la base. Cúbralos en el momento del trasplante con una capa generosa de material de drenaje grueso que evite que se obturen por la compactación del sustrato.

Los materiales más apropiados son la grava, la gravilla, los fragmentos de macetas de terracota o el poliestireno medio desmenuzado (una alternativa muy ligera para ubicaciones sin problemas de viento). Rellene con estos materiales una décima parte del recipiente, que deberá aumentar hasta la tercera parte, e incluso la mitad de la capacidad, si se trata de macetas de gran tamaño y profundas que requieran estabilidad adicional al hallarse en lugares expuestos.

Algunas plantas como las suculentas, muchas herbáceas u otras de procedencia mediterránea o alpina son especialmente sensibles al exceso de agua, por lo que debe potenciar el efecto del material drenante de la base por medio de la adición al sustrato de un 25 % de arena fina, arena silícea o vermiculita para incrementar su porosidad.

Las plantas acuáticas y las amantes de la humedad, por el contrario, prefieren condiciones menos secas y a menudo toleran la tierra sin mezclar procedente del jardín (a menos que sea muy fina y arenosa). Sólo tiene que tamizarla para retirar piedras, palos y raíces de hierbas, añadir un poco de arena para mejorar la textura si la tierra es arcillosa y dura, y después añadir un poco de harina de huesos en una proporción aproximada de 60 gramos por cada 10 litros para obtener un sustrato aceptable.

Presionar los sustratos

Las mezclas a base de tierra se suelen presionar ligeramente para impedir que queden huecos de aire y evitar posteriores colonizaciones en la maceta. Algunas plantas como los crisantemos incluso resisten que se clave una pala plantadora alrededor de los tallos para fomentar el crecimiento vigoroso, pero se trata de un caso especial. Los árboles y arbustos toleran mejor los sustratos menos esponjosos que la mayoría de las herbáceas.

Apelmace los sustratos hidropónicos muy ligeramente, ya que si están muy apretados podrían acabar compactándose y evitar la circulación del aire. Será suficiente con golpear unas cuantas veces el recipiente ya lleno contra una superficie dura; a continuación, riegue la planta abundantemente con una regadera (con la alcachofa incorporada).

Las plantas acuáticas y propias de marjales, como los lirios y los lirios de agua (*Zantedeschia*), prosperan si se coloca debajo del recipiente un plato para recoger el agua y se deja parcialmente lleno (una medida de emergencia que resulta útil para cualquier otra planta si va a estar unos días fuera). Los platos también evitan molestos goteos cuando los recipientes están elevados y que el agua sobrante caiga sobre superficies delicadas.

En cambio, si se trata de especies más terrestres, los platos de recogida de agua pueden resultar contraproducentes, a menos que se comprueben

Aunque muchas veces se utilizan para aislar y prodigar los cuidados de especies difíciles o exóticas, las macetas también son ideales para plantas de flor resistentes y «habituales» (aunque no por ello menos hermosas) como estas caléndulas (*Calendula officinalis* «Orange King»), entre cuyos nombres populares figura, y no en vano, el de «maravilla».

Cuidadosamente podados, regados y abonados en superficie, los frutales como estos cítricos de distintos tipos se desarrollarán óptimamente durante años en recipientes espaciosos y, con los años, se convertirán en ejemplares adultos de atractivo porte.

periódicamente para su vaciado. La mayoría de plantas agradece que el drenaje se produzca sin obstrucciones, y, para ello, lo mejor es alzar las macetas por medio de fragmentos de pizarra, de recipientes de arcilla o bien mediante pies ornamentales; de esta manera, los orificios de drenaje quedarán alejados del suelo.

TRASPLANTE

Aunque la mayoría de las especies típicas de jardinería son más resistentes de lo que puede imaginar, si presta especial atención al trasplante lo advertirá después en el crecimiento de las plantas. Los métodos de siembra y trasplante varían ligeramente dependiendo de la planta o del recipiente, aunque existen algunas normas sencillas que resultan válidas para todos los casos:

• Asegúrese de que el recipiente esté limpio y de que el sustrato sea el apropiado para la planta.

• Riegue la planta abundantemente y deje que drene por completo antes de empezar.

• Elija un momento del año en el que la planta esté en fase de crecimiento activo, ya que estará mejor preparada para recuperarse rápidamente del cambio.

• Manipule las plantas con confianza, pero con delicadeza, y evite manipular las raíces más de lo necesario.

• Rellene el recipiente siempre hasta la misma altura que tenía la planta antes de trasplantarla.

Las gramíneas constituyen un amplio grupo de plantas ornamentales, a menudo vistosas, que crecen con el tiempo y dan lugar a densas agrupaciones de hojas arqueadas que necesitan un lugar destacado que haga honor a su belleza.

Plantar en recipientes de gran tamaño

- Para evitar esfuerzos innecesarios, traslade el recipiente hasta su ubicación final cuando esté vacío y sepárelo del suelo con fragmentos de piedra o pies ornamentales. Asegúrese de que los orificios de drenaje no están obstruidos y cúbralos con una capa profunda de grava o material grueso semejante.

- Llene el recipiente con sustrato fresco (si es muy grande, utilice una mezcla preparada hidropónica) hasta cerca del borde, y apriételo ligeramente con los dedos, de modo que queden unos 5 centímetros entre el sustrato y el borde superior (al trasplantar las plantas, el nivel subirá).

- La mayoría de plantas tendrán, normalmente, un cepellón bien establecido y numerosas raíces laterales. Presente la planta aún dentro de la maceta sobre el sustrato del nuevo recipiente para comprobar que la distancia y la combinación sean adecuadas. Dé unos golpecitos suaves al recipiente para que se desprenda la planta y levántela. Cave el orificio en el que la planta crecerá, lo suficientemente grande para que quepa sin dificultades, y asegure la planta en su posición.

- Si va a realizar varios trasplantes, empiece con la parte central del recipiente (que normalmente se reserva a la planta más grande o más alta), a continuación trasplante las plantas más pequeñas en los alrededores y finalice la composición con las plantas ornamentales o colgantes del perímetro. Puede valerse de las mismas macetas

Cómo trasplantar plantas a raíz desnuda

La principal precaución en este caso consiste en intentar no dañar las raíces desprotegidas.

- Prepare la maceta con una capa de material drenante y, a continuación, rellénela con un sustrato apropiado casi hasta el borde (*véase* pág. 84).
- Si va a trasplantar una plántula, puede hacer un agujero central con los mismos dedos, lo suficientemente grande para acomodar las raíces.
- Sostenga la planta correctamente con una mano y, con la otra, distribuya el sustrato entre las raíces y a su alrededor hasta llegar a la misma altura que tenía en la maceta original.
- Dé unos golpecitos al recipiente para que se asiente el sustrato y se nivele, dejando una distancia de 1 centímetro hasta el borde (para que quepa el agua al regar). A continuación, riegue con cuidado.

Si se trata de una planta de gran tamaño, por ejemplo un árbol a raíz desnuda, siga el método anteriormente descrito, pero llene el recipiente sólo parcialmente hasta colocar la planta encima y comprobar si la profundidad es suficiente. Añada más sustrato y mueva la planta ligeramente para que el sustrato penetre entre las raíces. Presione el sustrato y siga rellenando el recipiente en fases hasta llegar casi al borde, con cuidado de dejar una superficie nivelada y con espacio suficiente para el agua de riego.

para saber el tamaño que deberá tener cada orificio antes del trasplante. Riegue el conjunto cuidadosamente y oculte las posibles etiquetas de las plantas discretamente a un lado del recipiente.

Véanse también los apartados «Cómo plantar en una cesta» de la página 30 y «Macetas para fresas», en la página 33.

Trasplante a recipientes mayores

Cuando las raíces de una planta han ocupado todo el espacio disponible en la maceta y empiezan a salir por los orificios de drenaje, ha llegado el momento de trasplantarla a un recipiente de mayor tamaño. Otras pistas para saber que ha llegado el momento son el crecimiento ralentizado, el marchitamiento y la presencia de raíces en la superficie. Los sucesivos trasplantes pueden realizarse en cualquier momento en la época de crecimiento. El recipiente al que se trasplanta debería ser aproximadamente 5 centímetros más ancho que el anterior y también más profundo, aunque este aumento de volumen gradual signifique tener que trasplantar la planta más tarde en la misma época. Y es que utilizar recipientes mucho más grandes puede resultar contraproducente y provocar que las plantas queden afectadas por un volumen excesivo de tierra que permanece húmeda y que no invita a las raíces a desarrollarse de una manera normal.

El siguiente método es prácticamente infalible:

* Ponga material de drenaje en la base del nuevo recipiente y cúbralo con una capa de sustrato fresco.
* Coloque la planta con la maceta en el centro del nuevo recipiente y regule la profundidad mediante la adición o la extracción de sustrato hasta que el nivel sea el correcto.

- Introduzca el sustrato por los lados; para ello, presiónelo suavemente con los dedos o con unos golpecitos al recipiente para afianzarlo.
- Gire cuidadosamente la planta en la maceta hasta que pueda alzarla sin romper el «bloque» de sustrato y raíces.
- Golpee la base de la maceta para que se desprenda e introdúzcala en el hueco ya preparado.
- Presione el sustrato ligeramente alrededor de la planta, golpee el nuevo recipiente contra una superficie dura para asentar el contenido, nivele el sustrato y riegue.

Trasplante a recipientes del mismo tamaño

Si la planta ha agotado el espacio disponible, pero no quiere trasplantarla a un recipiente de mayor tamaño, deberá hacerlo a uno del mismo tamaño. Como implica manipular y podar el cepellón, es preferible actuar cuando la planta esté en reposo, normalmente entre mediados y finales de invierno.

Golpee la maceta para separar la planta y sacuda con cuidado el sustrato suelto. Con la ayuda de un tenedor o una horquilla de mano, separe más raíces del cepellón y pode las que vea muertas, además de parte de las vivas, hasta que el volumen del pan de tierra se reduzca aproximadamente en una cuarta parte. A continuación, introduzca la planta en un nuevo recipiente del mismo tamaño lleno de sustrato fresco.

Si la planta o el recipiente son demasiado grandes para manipularlos fácilmente, el abonado en superficie es un método alternativo que permite rejuvenecer el sustrato. Con una horquilla de mano y una pala plantadora, ablande y retire la capa superior de sustrato viejo hasta unos 5 centímetros de profundidad y ponga en su lugar sustrato nuevo.

RIEGO

Las plantas que crecen en recipientes suelen ser menos exigentes que las plantas de interior, que están sometidas a elementos de estrés adicionales, como la calefacción central, la sequía y la falta de luz. A menudo necesitan menos atención incluso que las que viven directamente en el suelo, con la notable excepción del riego.

Aportar sólo la cantidad de agua justa en el momento adecuado es una destreza que se aprende sólo con la experiencia. Su exceso es tan potencialmente dañino como su defecto, aunque las buenas prácticas de plantación y trasplante son una garantía frente a los cálculos erróneos. Una capa generosa de material drenante y un sustrato bien equilibrado en una maceta separada del suelo ayudan a compensar excesos de agua ocasionales.

Regar muy poco es un gran riesgo en los días más calurosos del verano o cuando las macetas más pequeñas quedan expuestas al sol abrasador o a los vientos secos. Añadir hidrogel al sustrato (*véase* pág. 37) retrasa la pérdida de agua, si bien es posible que sea necesario regar una vez al día, o incluso dos, en pleno verano. Siempre es aconsejable comprobar el estado de las plantas de forma periódica y constante.

Revise todos los recipientes por la mañana, antes de que el sol incida sobre ellos, o bien por la tarde, cuando las temperaturas y el sol vayan en descenso (en las horas más calurosas, el agua podría quemar las hojas y a menudo se evapora antes de llegar a las raíces). Riegue abundantemente con un recipiente hasta que el exceso de agua empiece a salir por los orificios de drenaje. Si la maceta está muy seca o si en la superficie aparecen burbujas al regar por la parte superior, colóquela en una bandeja con agua para rehidratarla por inmersión durante una hora o dos. Las hidrojardineras pueden reducir la necesidad de realizar comprobaciones, al igual que una instalación de riego automático que conecte tubos de goteo individuales al grifo, preferiblemente dotada de un temporizador programable. No olvide, sin embargo, que el riego automático funciona aunque llueva, por lo que deberá estar atento al tiempo.

ABONADO

Los fertilizantes que incluyen los sustratos comerciales se suelen agotar con rapidez, sobre todo si los riegos o la lluvia frecuentes arrastran los nutrientes solubles al drenar el recipiente. Existen abonos especiales de liberación lenta que pueden mezclarse con el sustrato al trasplantar y que duran toda la temporada, pero las plantas que crecen en sustratos convencionales necesitan un abonado suplementario aproximadamente a las seis semanas de la plantación o el trasplante.

Abone de forma rutinaria cada diez o catorce días durante la temporada de crecimiento, prescinda de fertilizantes específicos y utilice uno universal o equilibrado que contenga un complemento de oligoelementos, además de los macronutrientes. No obstante, el fertilizante para tomates a veces es un buen recurso, ya que tiene un elevado contenido en potasio, que resulta ideal para potenciar el desarrollo de flores y frutos y limitar el del follaje.

Guía de abonado

• Si necesita resultados rápidos, riegue con abonos solubles o líquidos; los gránulos y polvos tienen un efecto más lento, pero más prolongado.

Existen numerosos soportes para plantas, desde simples cañas a decorativas obras de cestería, que ayudan a mantener el buen aspecto de las mismas, pero deberá asegurarse de que la maceta es lo suficientemente profunda para mantener la estabilidad.

- Los clavos o barritas fertilizantes son abonos de liberación lenta que simplemente se entierran en el sustrato (uno o más por recipiente).
- Las plantas sólo pueden absorber los nutrientes cuando están disueltos, por lo que no debe olvidarse de regar antes o después de su aplicación, según las instrucciones.
- Reduzca el abonado cuando el crecimiento empiece a ralentizarse en otoño, elimínelo durante el invierno y retómelo en primavera cuando se reanude otra vez.

TUTORAR PLANTAS

Las plantas altas, con tallos débiles o trepadoras que crecen en recipientes necesitan un apoyo adecuado (que no obstruya el crecimiento) y a tiempo para evitar que pierdan atractivo. Intente adelantarse siempre al momento en que la planta necesite verdaderamente un tutor, ya que es prácticamente imposible guiar el crecimiento «díscolo» sin hacer un estropicio.

Las cañas gruesas o las estacas centrales pueden adoptar un aspecto desairado o perder la estabilidad. Una solución más atractiva consiste en clavar varias cañas delgadas o ramas de poda que rodeen el borde del recipiente y unirlas con rafia o cuerda suave. Otra alternativa sería clavar tres o cuatro cañas a intervalos regulares y unirlas por el extremo superior para crear una pirámide para trepadoras o plantas herbáceas de porte arbustivo.

Existen distintos tipos de aros, anillos metálicos, rejillas y celosías comerciales que suelen ser más apropiados para recipientes alargados o de escasa profundidad, y también se encuentran estructuras especiales para sujetar plantas que crecen en bolsas de cultivo. Las plantas trepadoras funcionan bien si se guían con trípodes o pirámides, aunque también pueden sujetarse con alambres o por medio espalderas junto a un muro.

CUIDAR EL ASPECTO DE LAS PLANTAS

La mayoría de las plantas de jardín necesitan podarse y limpiarse; las que crecen en macetas son especialmente agradecidas a los cuidados porque también lucen más, ya que las plantas aisladas deben presentar un buen aspecto por los cuatro costados.

El hecho de pinzar los brotes superiores o podar los tallos excesivamente largos garantiza un crecimiento arbustivo y un aspecto simétrico. Retirar las flores marchitas aporta un aspecto pulcro a las plantas y ayuda a mantener a raya las enfermedades, además de estimular la producción de más flores al evitar que las plantas destinen la energía a crear semillas. Muchas plantas necesitan también una poda anual o dos veces al año para mantener un equilibrio saludable entre el crecimiento aéreo y el inevitablemente restringido crecimiento de las raíces, además de para favorecer la formación de nuevos brotes sustitutivos.

PRIMEROS AUXILIOS

Las plantas que crecen en macetas están expuestas a las mismas plagas y enfermedades que cualquiera de las plantas que crecen en el suelo, aunque gracias a su

Problemas estacionales

Son muchas las personas que hacen vacaciones en verano, justo cuando el cuidado de las macetas se convierte una necesidad diaria. Si se va a ausentar, agrupe los recipientes en un lugar a la sombra protegido donde no se sequen con tanta rapidez y busque un sustituto para las tareas de riego. Como alternativa, coloque cubos llenos de agua junto a las macetas y conduzca el agua hasta ellas con tiras de ropa o de material absorbente. Riegue y abone las plantas antes de partir, retire las flores muertas y marchitas y recoja cualquier fruto o producto que esté maduro o casi maduro.

En invierno está presente el riesgo de las temibles heladas, que podrían resultar fatales si el cepellón se llega a congelar por completo. Lleve a cubierto las plantas más sensibles al frío, agrupe las otras para protegerlas mejor de forma conjunta y rodee los recipientes individuales o incluso grupos enteros con varias capas de plástico de burbujas o con arpillera; envuelva las ramas vulnerables con lana mineral y cubra los tallos principales con material aislante para tuberías.

ubicación privilegiada se observan con mayor frecuencia y se tratan cuando aparecen los primeros síntomas.

Muchas veces, los problemas se deben a errores de cultivo, como el exceso de riego, la exposición a las heladas o la falta de fertilización, pero son pocas las ocasiones en las que resultan fatales. Adoptar unas cuantas precauciones básicas, saber reconocer pronto los síntomas y actuar con rapidez normalmente son suficientes para evitar males mayores.

CUIDADOS ESENCIALES

- Elija un recipiente que tenga la anchura y la profundidad apropiadas para el cepellón; si es demasiado pequeño, las raíces se secarán, y, si es demasiado grande, podrían pudrirse.
- Adquiera únicamente plantas saludables y busque variedades recomendadas para el cultivo en recipientes; inspecciónelas con frecuencia para detectar síntomas de estrés o enfermedad.
- Plante con cuidado en el sustrato adecuado y en el momento idóneo. Como guía general, plante cuando las plantas estén en fase de crecimiento activo y trasplántelas cuando estén en fase latente.
- Riegue e inspeccione las plantas con regularidad, incluso dos veces al día si el calor es abrasador, pero hágalo única y exclusivamente cuando lo necesiten. Abónelas periódicamente en la época de crecimiento y reduzca la frecuencia cuando los días resulten más cortos.
- Mantenga las plantas enfermas en cuarentena para someterlas a tratamiento en un lugar al resguardo, alejado del frío y el calor extremos, para evitar que se propague cualquier infección. Corte las hojas que amarilleen y que estén marchitas, busque posibles plagas y elimínelas con agua a presión y retire el follaje que tenga aspecto de estar enfermo.
- Asuma que ninguna planta es inmortal: como precaución, corte esquejes saludables y póngalos a enraizar en agua o sustrato poroso si se reduce su dedicación.

Las plagas más problemáticas

Las cochinillas encuentran un lugar idóneo en los recipientes secos y las babosas pueden esconderse debajo de ellos, pero su avance se detiene fácilmente con una capa superficial de arena o cáscaras de huevo secas trituradas. Quizá el peor visitante sea el gorgojo de la vid, una amenaza creciente, cuyas larvas alargadas se encuentran en el sustrato de los recipientes (sobre todo de tipo hidropónico), donde están a salvo de depredadores. Se alimentan vorazmente de casi cualquier raíz, con preferencia de ciclámenes, fresas, prímulas, hierbas de San Benito y hortensias de invierno (*Bergenia*), con los que acaban si pasan inadvertidos. Los gorgojos adultos, negros, grandes y de movimiento lento, se alimentan de las hojas, en las que dejan unos orificios semicirculares característicos en los bordes; a menudo pueden observarse y eliminarse sobre las hojas una vez ha oscurecido, sobre todo a finales de primavera, que es cuando aparecen. Riegue las plantas afectadas con un plaguicida biológico que elimine también los nemátodos o bien utilice un insecticida para tierra específico.

Tres de las plagas más habituales son fácilmente controlables si se inspeccionan y retiran a mano en las plantas. Las babosas y los caracoles (superior) se alimentan de casi cualquier hoja, aunque uno de sus alimentos favoritos son las hostas. Busque gorgojos de la vid adultos (centro) al atardecer, mientras mordisquean los bordes de las hojas, y riegue los recipientes con un tratamiento para atacar a las larvas. Determinados coleópteros tienen gustos muy específicos; el de la fotografía (inferior: *Crioceris merdigera*) prefiere los lirios, si bien es fácil detectarlos y eliminarlos a mano.

ÍNDICE

Los números de página en *cursiva* remiten a las ilustraciones